LES BONS PLATS DE LA MER

Jacques Le Divellec

avec la collaboration de Dominique Lizambard

LES BONS PLATS DE LA MER

Photos Nicolas Leser
réalisées au restaurant Le Divellec
à Paris VIIe

FRANCE LOISIRS
123, boulevard de Grenelle, Paris

ISBN: 2-7242-6674-9

Edition du Club France Loisirs, Paris,
avec l'autorisation des Editions Solar

INTRODUCTION

Depuis qu'il a jeté l'ancre sur l'esplanade des Invalides, l'élégant yacht de Jacques Le Divellec ne désemplit pas. Après les Rochelais, les Parisiens ont découvert le talent d'un amoureux de l'Océan, entre les mains duquel poissons et crustacés ne ressemblent plus à ceux de nos parents, mais sont redevenus eux-mêmes.

Aux petites heures de Rungis, il faut voir ce géant débonnaire chercher le saumon sauvage, le bar de ligne ou la coquille Saint-Jacques qui sort de l'eau. Rien de ce qui vient de la mer ne lui est étranger : quand il n'est pas à ses fourneaux, c'est pour découvrir d'autres horizons marins. De l'Egypte à la Thaïlande et du Maroc à la Californie, Jacques Le Divellec a enseigné son art dans le monde entier. Il en a ramené une cuisine inventive et légère, extraordinairement goûteuse et superbe de simplicité ; il faut déguster les palourdes à la coriandre ou le bar cuit sur sa peau, ferme et fondant à la fois, pour savoir que le naturel peut être grandiose. Et comme on ne mange pas de homard tous les jours, Jacques Le Divellec accommode volontiers les espèces les plus modestes — grondins et maquereaux sortent transfigurés de ses mains expertes.

Ce sont ses meilleures recettes qu'il vous propose ici : toutes ont été testées et mises au point dans son restaurant ; mais toutes sont réalisables par des particuliers, sans nécessiter de tour de main ou de matériel professionnel.

Suivez donc Jacques Le Divellec dans ses cuisines, vous y découvrirez le poisson comme vous ne l'avez jamais goûté : ce n'est pas le moindre mérite de ce cuisinier hors du commun.

Soupe du pêcheur breton

Préparation : 20 minutes.
Cuisson : 40 minutes.

Pour 8 personnes :

1 kg de petits poissons à soupe (tacauds, vieilles, chinchards, rascasses, merlans, grondins, etc.)
250 g de petits crabes verts (à défaut, 2 ou 3 étrilles)
500 g de coquillages (amandes de mer, praires ou vernis)
250 g de pommes de terre à purée (bintje)
1 poireau
1 carotte
1 bulbe de fenouil
2 oignons moyens
4 gousses d'ail
1 bouquet garni
20 cl de crème fraîche
1 cuillerée à soupe d'huile
8 langoustines pour la garniture
Un peu de persil plat
Sel, poivre

1. Levez les filets des plus beaux poissons, réservez-les (gardez les têtes et les arêtes). Épluchez le poireau, la carotte, le fenouil et les oignons, émincez-les, coupez les gousses d'ail en deux, faites revenir le tout dans l'huile pendant 5 minutes. Ajoutez les crabes, les petits poissons, les têtes et les arêtes, laissez revenir encore 5 minutes.

2. Mouillez avec 2 litres d'eau, salez (peu), poivrez, ajoutez les pommes de terre épluchées et coupées en rondelles, le bouquet garni, laissez cuire 30 minutes à petit feu. Passez au mixer, puis au chinois, et faites éventuellement réduire un peu.

3. Faites ouvrir les coquilles au naturel, dans une casserole avec une cuillerée d'eau. Finissez la soupe : ajoutez la crème et rectifiez l'assaisonnement. Faites pocher les filets de poisson et les langoustines dans la soupe pendant 1 ou 2 minutes, parsemez de persil plat, servez avec les coquillages dans leurs coquilles.

A l'origine, les soupes « de pêcheurs » étaient faites à bord avec tous les petits poissons invendables. Aujourd'hui, on enrichit de plus en plus ces recettes, au point d'y ajouter parfois... de la langouste. L'important est de se procurer plusieurs variétés de poissons, en donnant la préférence aux poissons de roche, plus goûteux.

Gaspacho de tourteau

Préparation : 45 minutes.
Cuisson : 50 minutes.
(Peut se préparer à l'avance.)

Pour 4 personnes :

1 tourteau d'environ 750 g
300 g de petits crabes verts (à défaut, des étrilles)
1 oignon émincé
1 carotte émincée
1 branche de céleri coupée en petits morceaux
1 bouquet garni
2 tomates fermes
1 petit concombre
1 poivron
50 cl de fumet de poisson (recette page 112)
50 cl de vin blanc sec
sel, poivre

1. Mélangez le fumet de poisson et le vin blanc, salez légèrement, portez à ébullition ; écrasez grossièrement les crabes verts, faites-les cuire à découvert et à petits frémissements pendant 30 minutes avec l'oignon, la carotte, le céleri et le bouquet garni dans le mélange fumet-vin blanc.

2. Pendant ce temps, endormez le tourteau en le laissant 20 minutes dans de l'eau froide sans sel : ainsi, les pattes ne se détacheront pas au cours de la cuisson. Ajoutez-le dans la cuisson des crabes verts et des légumes, faites-le cuire 20 minutes. Laissez refroidir l'ensemble.

3. Passez le bouillon, rectifiez l'assaisonnement, mettez-le au froid. Épluchez les tomates en les ébouillantant un instant, épluchez le poivron en le faisant griller sur une flamme, piqué au bout d'une brochette.

4. Décortiquez le tourteau en extrayant un maximum de chair, coupez les tomates, le poivron et le concombre en tout petits dés ; répartissez le bouillon dans des assiettes creuses, garnissez avec des dés de légumes et la chair de tourteau, servez bien froid.

Les crabes verts, qu'on appelle aussi chèvres, sont trop rarement présents sur les marchés, car leur petite taille les rend difficiles à vendre ; ils parfument pourtant délicieusement soupes et coulis. Si vous n'en trouvez pas, utilisez des étrilles pour préparer ce gaspacho, excellent hors-d'œuvre pour les grandes chaleurs.

Naturel de daurade à la coriandre

Préparation : 10 minutes.
Pas de cuisson.

Pour 4 personnes :

- **600 g de filets de daurade**
- **2 échalotes (les grises sont les meilleures)**
- **1 poivron rouge**
- **1 cuillerée à café de graines de coriandre fraîche (à défaut, de la coriandre séchée)**
- **Quelques brins de ciboulette**
- **Le jus de 1 citron**
- **4 cuillerées à soupe d'huile d'olive**
- **Quelques pluches de cerfeuil**
- **Quelques bouquets de mâche**
- **Sel, poivre blanc**

1. Enlevez la peau des filets de daurade, vérifiez qu'il ne reste plus du tout d'arêtes. Coupez le poisson au couteau en tout petits dés, comme une fine brunoise de légumes (ne le hachez pas au mixer, vous obtiendriez une purée échauffée).

2. Épluchez les échalotes et coupez-les au couteau comme le poisson, ciselez la ciboulette, écrasez la coriandre (le mieux est de la mettre dans un moulin à poivre). Mélangez le tout avec la daurade, assaisonnez avec le jus de citron, l'huile d'olive, du sel et un peu de poivre blanc. Mettez ce mélange au froid ; mettez également les assiettes de service au froid.

3. Avec deux cuillers à soupe, moulez des portions de daurade, disposez-les sur les assiettes froides. Parsemez de pluches de cerfeuil et garnissez de petits bouquets de mâche et du poivron. Servez bien froid avec des toasts tièdes, accompagnez de quartiers de citron et de poivre du moulin.

Pour préparer ce naturel de daurade, il vous faut du poisson très frais. En effet, au contraire du poisson à la tahitienne, qui « cuit » littéralement dans sa marinade de jus de citron, celui-ci est plus proche du sashimi japonais, tout à fait cru. Si vous ne trouvez pas de daurade à votre convenance, je vous conseille d'essayer la truite de mer, facile à trouver fraîche puisque d'élevage.

Les deux anchois marinés

Préparation : 20 minutes.
Cuisson : 5 minutes.
(A préparer au moins la veille.)

Pour 6 personnes :

24 anchois frais (plus ou moins selon grosseur)
1 kg de gros sel de mer
35 cl d'huile d'olive fruitée
30 cl de vinaigre de vin blanc
1 cuillerée à soupe de poivre en grains
1 bouquet de thym
4 échalotes
4 gousses d'ail
4 clous de girofle
1 cuillerée à café de grains de genièvre

1. Étêtez les anchois, videz-les, rangez-les dans un plat creux. Saupoudrez-les de thym, ajoutez le poivre en grains, recouvrez le tout avec le gros sel et laissez ainsi pendant 1 ou 2 heures. Ensuite, rincez les poissons à l'eau froide, égouttez-les et essuyez-les. Séparez-les en deux parts égales.

2. Pour faire les anchois à l'huile, faites-les sauter 5 minutes à feu vif dans 5 cl d'huile d'olive. Égouttez, laissez refroidir, rangez les poissons dans une terrine, saupoudrez d'un peu de thym et recouvrez avec le reste d'huile d'olive. Gardez au frais, mais pas au réfrigérateur (l'huile figerait).

3. Pour faire les anchois au vinaigre, épluchez et émincez les échalotes et l'ail, rangez les poissons dans une terrine en intercalant des lamelles d'ail et d'échalote, ajoutez les clous de girofle, le genièvre et des feuilles de thym, recouvrez de vinaigre, mettez au frais.

4. Ces deux préparations se conserveront une semaine au frais ; il faut attendre au moins une nuit avant de commencer à les déguster. Servez ces anchois en hors-d'œuvre avec du pain de campagne grillé et du beurre frais.

Les anchois sont le plus souvent proposés en filets conservés dans l'huile. Les poissons entiers au sel sont moins courants, et pourtant bien meilleurs. Il suffit de lever leurs filets (c'est facile), de les dessaler 1 heure ou 2 à l'eau froide et de les mettre dans de l'huile d'olive : les anchois à l'huile ainsi obtenus sont bien supérieurs à ceux qui sont vendus tout faits.

Sardines à l'escabèche

Préparation : 15 minutes.
Cuisson : 15 minutes.
(Doit se préparer la veille.)

Pour 6 personnes :

12 sardines fraîches
50 cl de vin blanc sec
10 cl de vinaigre de vin blanc
3 cuillerées à soupe de farine
4 cuillerées à soupe d'huile d'olive
12 échalotes
3 gousses d'ail
1 petit bouquet de persil frisé
2 ou 3 branches de thym
1 branche de céleri
1 feuille de laurier
1 douzaine de grains de poivre noir
Sel

1. Étêtez et videz les sardines, mais ne les écaillez pas. Farinez-les, faites-les revenir rapidement dans 3 cuillerées à soupe d'huile, à feu vif, pendant 1 ou 2 minutes de chaque côté (les sardines doivent juste dorer).

2. Épluchez les échalotes et les gousses d'ail, émincez-les et faites-les revenir légèrement dans une casserole avec une cuillerée à soupe d'huile. Mouillez avec le vin blanc et le vinaigre, ajoutez le poivre, le thym, le laurier, le persil et le céleri coupé en petits morceaux, salez et laissez cuire cette marinade une dizaine de minutes.

3. Rangez les sardines dans une terrine, versez dessus la marinade bouillante, et mettez au réfrigérateur pendant au moins une nuit avant de commencer à déguster. Vous pouvez conserver ces sardines une semaine au frais, elles sont de toute manière meilleures après quelques jours dans leur marinade.

C'est une entrée d'été, pour laquelle il faut utiliser des sardines bien fraîches. Mais à la fin de l'hiver, après le frai, vous pouvez aussi préparer de la même manière des harengs (choisissez des poissons de petite taille).

Bar et saumon sur leur peau

Préparation : 10 minutes.
Cuisson : 15 minutes.

Pour 4 personnes :

1 beau filet de saumon de 300 à 400 g, assez épais (avec la peau)

1 filet de bar de la même taille (avec la peau)

500 g d'endives

50 g de beurre

20 cl de crème fraîche

Sel, poivre

1. Coupez chaque filet de poisson en quatre portions égales, sans enlever la peau. Salez et poivrez tous les morceaux.

2. Épluchez et lavez les endives, coupez-les en morceaux et effeuillez-les. Mettez-les à étuver dans une sauteuse avec la moitié du beurre, à feu doux. Au bout de 7 ou 8 minutes, salez, poivrez et ajoutez la crème, continuez à cuire à feu doux.

3. Dans une autre sauteuse, mettez pendant ce temps les filets de poisson à cuire avec le reste du beurre, à feu doux, posés sur le côté peau. Il ne faudra pas les retourner, mais les laisser cuire sur leur peau : celle-ci protège en effet la chair du dessèchement. On peut couvrir la sauteuse pendant une partie de la cuisson pour que le poisson cuise dans sa propre vapeur.

4. Au bout de 10 ou 12 minutes (moins si vous avez couvert la sauteuse), les poissons doivent être cuits et la fondue d'endives prête. Servez tout simplement le bar et le saumon bien chauds sur un lit d'endives.

La cuisson « sur peau » est nettement supérieure à la cuisson classique des tranches de poisson à la poêle, car elle garde les chairs moelleuses. On peut l'appliquer à d'autres poissons que le saumon et le bar : le cabillaud et le lieu jaune, par exemple, s'en accommodent fort bien.

Omelette aux laitances de hareng

Préparation : 10 minutes.
Cuisson : 10 minutes.

Pour 4 personnes :

200 g de laitances de hareng
6 œufs
60 g de beurre
2 cuillerées à soupe de farine
1 citron
Sel, poivre

1. Séparez les blancs des jaunes de deux œufs, battez les blancs en neige ferme avec une pincée de sel. Battez les œufs restants et les deux jaunes en omelette, avec deux cuillerées à soupe d'eau, du sel et du poivre. Incorporez les blancs battus en neige à cette omelette.

2. Séchez les laitances dans du papier absorbant, roulez-les dans de la farine salée. Mettez-les à cuire à la poêle dans la moitié du beurre, à feu moyen, pendant 7 ou 8 minutes, en les arrosant souvent ; à mi-cuisson, ajoutez deux cuillerées à soupe de jus de citron, continuez d'arroser.

3. Pendant la cuisson des laitances, faites cuire l'omelette classiquement dans une grande poêle, avec l'autre moitié du beurre. Mettez les laitances cuites dans l'omelette avant de la rouler sur elle-même et de la servir bien chaude. Vous pouvez aussi décorer le plat avec une partie des laitances. Une salade d'hiver, trévise, feuille-de-chêne ou mâche, accompagnera bien cette omelette.

Cette omelette est un plat de fin d'année : c'est en effet d'octobre à janvier, avant le frai, que l'on trouve les harengs les plus savoureux. On peut aussi préparer la recette avec les œufs du hareng, mais je pense que la saveur délicate de la laitance convient mieux à l'omelette.

Œufs brouillés à la poutargue

Préparation : 10 minutes.
Cuisson : 10 à 15 minutes.

Pour 4 personnes :

150 g de poutargue (œufs de cabillaud fumés)

8 œufs entiers et 2 jaunes

100 g de beurre

10 cl de crème fraîche

Éventuellement, quelques croûtons dorés à l'huile

Sel, poivre du moulin

1. Enlevez la peau des poches d'œufs de poisson, coupez-en environ 50 grammes en bâtonnets, que vous réserverez. Mixez le reste avec la crème fraîche.

2. Mettez à cuire les œufs (sans les deux jaunes) à feu très doux, dans une casserole épaisse, avec le beurre coupé en petits morceaux, très peu de sel et un ou deux tours de moulin à poivre. Incorporez le mélange crème fraîche-œufs de poisson. Remuez constamment et surveillez bien la consistance des œufs brouillés.

3. Quand ils sont crémeux, arrêtez le feu, continuez à remuer, ils finiront de cuire tout seuls. Ajoutez alors les deux jaunes d'œufs crus en remuant bien : les œufs brouillés prendront une belle couleur et du brillant.

4. Rectifiez l'assaisonnement, servez les œufs brouillés décorés des bâtonnets de poutargue, et, si vous le désirez, garnis de petits croûtons.

Les œufs brouillés, pour être bons, ont besoin de beaucoup de beurre et d'une cuisson attentive. Vous pouvez opérer directement sur le feu, en surveillant bien et en remuant sans arrêt ; mais je vous conseille de les cuire au bain-marie si vous êtes moins sûr de vous.

DOMAINE CLAIR-DAÜ
OSÉ DE MARSANNAY
Appellation Marsannay Contrôlée
Vinifié et mis en bouteille par
LOUIS JADOT
Eleveur à Beaune, Côte-d'Or, France
PRODUCE OF FRANCE

Salade de langoustines à l'huile de noisette

Préparation : 15 minutes.
Marinade : 1 heure.
Cuisson : 3 minutes.

Pour 4 personnes :

- **16 petites langoustines (ou 12 grosses)**
- **150 g de girolles (à défaut, des champignons de Paris)**
- **Salades variées (mâche, trévise)**
- **1 citron**
- **6 cuillerées à soupe d'huile de noisette**
- **Sel, poivre**

1. Décortiquez à cru les queues des langoustines : séparez la tête de la queue en tournant légèrement, ôtez un ou deux anneaux de la carapace et tirez doucement sur l'extrémité de la queue, toute la chair doit venir (si vous n'êtes pas sûr de vous, ôtez tous les anneaux de la carapace).

2. Épluchez et lavez rapidement les champignons, séchez-les soigneusement. Mettez à mariner les queues de langoustine et les champignons avec la moitié du jus de citron, deux cuillerées à soupe d'huile, du sel et du poivre pendant environ 1 heure.

3. Juste avant de servir, préchauffez le four à 220° (th. 7), égouttez les queues de langoustine, faites-les raidir au four 2 ou 3 minutes. Disposez dans les assiettes un lit de salades, répartissez dessus les champignons marinés et les langoustines tièdes, assaisonnez avec le reste du jus de citron, l'huile de noisette, du sel et du poivre.

On ne trouve guère de langoustines vivantes sur nos marchés, sauf au bord de la mer, car elles ne vivent pas longtemps hors de l'eau. Il faut pourtant essayer d'acheter les plus fraîches possible. Observez-les donc attentivement : plus que leur couleur, c'est leur aspect translucide qui est un gage de fraîcheur.

LD

Acras

Préparation : 20 minutes.
Dessalage : 12 heures.
Cuisson : 30 minutes.

Pour 6 personnes :

400 g de morue salée
100 g de pommes de terre farineuses (bintje)
100 g de farine
1 œuf entier
3 ou 4 cuillerées à soupe de lait
1 petit piment vert
2 échalotes
1 gousse d'ail
Quelques brins de ciboulette
Poivre de Cayenne
Huile de friture
Sel

1. Mettez la morue à dessaler 12 heures dans beaucoup d'eau froide, que vous changerez de temps à autre (la meilleure méthode consiste à placer le poisson dans une passoire qui trempe dans l'eau). Mélangez la farine et l'œuf, ajoutez du lait pour obtenir une pâte molle, salez, laissez reposer au moins 4 heures.

2. Faites ensuite pocher la morue à petits frémissements pendant 8 minutes, égouttez-la. Faites cuire les pommes de terre à l'eau salée jusqu'à ce qu'elles soient bien tendres, épluchez-les.

3. Écrasez la morue avec les pommes de terre, ajoutez les échalotes, l'ail et le piment passés au mixer, la ciboulette ciselée, mélangez le tout ; incorporez la pâte, rectifiez l'assaisonnement, ajoutez éventuellement un peu de poivre de Cayenne.

4. Moulez des petites boules avec deux cuillers à café et faites-les frire jusqu'à ce qu'elles soient bien dorées. Servez-les encore tièdes avec une romaine croquante ou, mieux, une salade d'endives.

A l'époque où l'on ne conservait pas encore par le froid, la morue salée était une véritable institution : c'était le poisson de tout le Carême. Elle est bien moins consommée aujourd'hui, mais permet pourtant de réaliser de belles recettes régionales comme la brandade ou l'ailloli. Choisissez-la épaisse et bien blanche.

Maquereaux en beignets

Préparation : 15 minutes.
Repos de la pâte : 2 heures.
Cuisson : 10 minutes.

Pour 4 personnes :

600 g de filets de maquereau
Le jus de 1 citron
150 g de farine
10 cl de lait
10 cl de cidre
10 g de levure de boulanger
2 œufs
1 cuillerée à soupe d'huile
Huile de friture
Sel

1. Préparez la pâte à beignets : séparez les blancs des jaunes des œufs, délayez la levure dans le lait. Fouettez la farine avec le lait, le cidre, les jaunes d'œufs (réservez les blancs au frais) et une pincée de sel. Quand le mélange est bien lisse, ajoutez l'huile, et mettez cette pâte à reposer 2 heures à température ambiante.

2. Coupez les filets de maquereau en goujonnettes, c'est-à-dire en petits fuseaux d'environ 10 centimètres de long sur 2 à 3 centimètres de large. Mettez-les à mariner dans le jus de citron pendant que la pâte repose.

3. Avant de servir, terminez la pâte à beignets en battant en neige ferme les blancs d'œufs avec une pincée de sel ; incorporez-les à la pâte. Égouttez les goujonnettes de maquereau et essuyez-les avec un papier absorbant.

4. Faites chauffer le bain d'huile de friture, trempez les morceaux de poisson dans la pâte à beignets, faites-les frire jusqu'à ce qu'ils prennent une belle couleur blond doré (environ 6 ou 7 minutes). Ne mettez pas trop de beignets en même temps dans la friture, l'huile refroidirait trop vite ; faites-les plutôt cuire par cinq ou six à la fois, en les égouttant au fur et à mesure sur un papier absorbant disposé sur un plat chaud.
Servez ces beignets avec une sauce tartare ou une mayonnaise détendue au coulis d'étrilles... ou les deux.

Le maquereau, poisson d'été, est plus savoureux lorsqu'il est « de ligne », par opposition à son frère « de chalut ». En réalité ce sont les mêmes poissons, mais le premier, attrapé à la ligne à partir d'une petite embarcation, a séjourné beaucoup moins longtemps dans la glace que le second, pêché par un chalutier.

HUGEL
RÉSERVE PERSONNELLE
ALSACE
APPELLATION ALSACE CONTRÔLÉE
HVH
DEPUIS
RIESLING
RÉSERVE PERSONNELLE

Rillettes de maquereau fumé

Préparation : 15 minutes.
Pas de cuisson.
(Doit se préparer au moins 3 heures à l'avance.)

Pour 4 personnes :

300 g de maquereau fumé entier (soit un beau poisson)
150 g de beurre frais
4 échalotes
1 beau bouquet de ciboulette
Le jus de 1 citron (citron vert de préférence)
Sel, poivre blanc

1. Mettez le beurre dans un endroit tiède, car il doit être assez mou pour s'incorporer facilement au poisson. Épluchez les échalotes et hachez-les finement au couteau ; ciselez la ciboulette.

2. Otez la peau et les arêtes du maquereau, mettez toute la chair dans un plat creux, écrasez-la à la fourchette, ajoutez le beurre, les échalotes, la ciboulette et le jus de citron, continuez de mélanger à la fourchette. Rectifiez l'assaisonnement (en général, il n'est pas nécessaire de saler, mais on peut poivrer, de préférence avec du poivre blanc).

3. Tassez les rillettes dans une petite terrine, mettez-les au frais pendant au moins 3 heures : le beurre va redevenir ferme et donner une bonne consistance à l'ensemble. Servez ces rillettes sur des toasts tièdes, avec des citrons en quartiers et des salades variées, et notez qu'elles sont meilleures après 48 heures au réfrigérateur.

Il faut utiliser du maquereau fumé entier pour préparer cette recette. C'est un produit sans comparaison avec les filets fumés, vendus sous vide et aromatisés avec du poivre ou de l'oignon. Moelleux et peu salé, le maquereau entier est un des meilleurs poissons fumés qui soit. C'est une spécialité de nos voisins belges, mais on en trouve de plus en plus fréquemment chez nous.

Tourte de poissons

Préparation : 30 minutes.
Cuisson : 30 minutes.

Pour 6 personnes :

- **250 g de pâte feuilletée**
- **200 g de poissons fumés (2 ou 3 espèces : haddock, anguille, truite...)**
- **200 g de poissons crus (lotte et sole vont très bien)**
- **1 douzaine de moules**
- **2 douzaines de palourdes ou de coques**
- **25 cl de crème fleurette**
- **4 œufs entiers + 1 jaune pour dorer la pâte**
- **1 petit verre de vin blanc**
- **Noix de muscade râpée**
- **Sel, poivre de Cayenne**
- **Beurre et farine pour le plat**

1. Grattez les moules, lavez les palourdes ou les coques dans plusieurs eaux (pour les coques, il vaut encore mieux, si vous avez le temps, les faire dégorger 1 heure dans l'eau salée). Épluchez tous les poissons, coupez-les en petits dés ou en goujonnettes.

2. Faites ouvrir rapidement les coquillages à feu vif avec le vin blanc : couvrez la casserole et secouez-la de temps en temps pendant 2 ou 3 minutes. Laissez refroidir un peu et décoquillez-les.

3. Faites deux parts avec le feuilletage, étalez la première moitié, garnissez-en le moule (beurré et fariné). Battez au fouet la crème et les œufs, salez très légèrement, poivrez un peu plus (le poivre de Cayenne convient très bien) et ajoutez un peu de muscade. Versez cet appareil dans le moule garni de pâte, ajoutez tous les poissons et les coquillages.

4. Étalez l'autre moitié de la pâte, mouillez au pinceau les bords de la tourte, refermez-la en soudant le couvercle, ménagez une cheminée en papier d'aluminium au milieu. Dorez au pinceau avec le jaune d'œuf, enfournez pour 30 minutes dans le four préchauffé (240°, th. 8 pour les 10 premières minutes, puis 200°, th. 6 pour les 20 minutes restantes).

Le meilleur feuilletage se fait au beurre : ce n'est peut-être pas celui qui « monte » le plus, mais c'est incontestablement le plus savoureux, et en tout cas le seul qui soit bon à manger froid — un test impitoyable pour les feuilletages. Si vous n'êtes pas habitué à le préparer (ce qui prend du temps), commandez-le au boulanger ou au pâtissier, plutôt que d'acheter un produit surgelé non préparé au beurre.

PRODUIT DE FRANCE
Chablis Premier
FOURCHAUME
DOMAINE DE L'EGLANTIERE

Bouillabaisse aux légumes de printemps

Préparation : 30 minutes.
Cuisson : 1 heure 15 minutes.

Pour 8 personnes :

1 kg de petits poissons « à soupe » (girelle, vieille, chinchard, merlan, etc.)

2 kg de poissons dont vous ferez lever les filets (en gardant têtes et arêtes) : rascasse, vive, grondin, saint-pierre, congre, lotte, etc., pageot et mérou si vous en trouvez

500 g de tomates

100 g d'oignons

3 bulbes de fenouil

250 g de petites courgettes

250 g d'aubergines

250 g de pommes de terre nouvelles

1 ou 2 bottes d'oignons nouveaux

10 cl d'huile d'olive

3 ou 4 gousses d'ail

1 bouquet garni

1 grosse pincée de safran

Sel

1. Préparez le fond de cuisson : dans une grande marmite, faites revenir dans l'huile d'olive les oignons émincés ; ajoutez l'ail émincé, les tomates coupées en rondelles, tous les petits poissons à soupe, écaillés, vidés et coupés en morceaux, ainsi que les têtes et les arêtes des autres poissons.

2. Laissez revenir quelques minutes, mouillez avec 3 litres d'eau, ajoutez le bouquet garni, salez, laissez cuire une bonne heure à petits frémissements. Passez le fond au chinois, rectifiez l'assaisonnement et ajoutez le safran (tout cela peut se faire à l'avance).

3. Mettez un tiers du fond dans une cocotte (pour les légumes) et les deux tiers dans une autre (pour les poissons). Portez le tout à ébullition, mettez à cuire les légumes et les filets de poissons, à feu vif. Commencez par les pommes de terre (lavées et coupées en rondelles, mais non pelées) et les bulbes de fenouil, ajoutez au bout de 5 minutes les aubergines coupées en bâtonnets et les oignons nouveaux, puis, après encore 5 minutes, les courgettes coupées en rondelles. Les filets de poissons cuiront de la même manière, les plus fermes (congre, lotte) étant introduits d'abord, les plus tendres (grondin) ensuite.

4. Dès que les poissons et les légumes sont cuits, servez sans attendre avec des croûtons dorés à l'huile et une rouille bien relevée (recette de la rouille page 34).

La bouillabaisse, plat unique par excellence, ne peut être préparée pour 3 ou 4 personnes : il y faut un minimum de variétés de poissons pour qu'elle soit réussie. On peut y ajouter une langouste, mais ce n'est pas traditionnel pour ce qui n'était au départ qu'une soupe de pêcheurs.
Avec les restes, je vous conseille de préparer une bouillabaisse en gelée, savoureuse pour le « déjeuner du lendemain ».

Beaucastel
CHATEAUNEUF-DU-PAPE
CHATEAUNEUF-DU-PAPE CONTROLEE
DES VIGNOBLES PIERRE PERRIN
BEAUCASTEL COURTHEZON
BOUTEILLE DU CHATEAU

Bouillabaisse en gelée

Préparation : 25 minutes.
(Doit se préparer au moins 3 heures à l'avance.)

Pour 4 personnes :

Un reste de bouillabaisse (environ 1,5 kg avec le bouillon)
1 carotte
1 poireau
2 blancs d'œufs
6 feuilles de gélatine alimentaire

Pour la sauce rouille :

10 gousses d'ail
15 cl d'huile d'olive
1 ou 2 cuillerées à soupe de bouillon de bouillabaisse
1 jaune d'œuf
2 ou 3 filets d'anchois (les meilleurs sont les filets conservés au sel, que l'on dessale à l'eau avant utilisation)
1 pincée de safran
Poivre de Cayenne

1. Otez les filets de poissons et les légumes du bouillon de la bouillabaisse, réservez-les au frais. Épluchez et coupez en petits dés la carotte et le poireau, mélangez-les dans une casserole avec les blancs d'œufs.

2. Versez dessus le bouillon et portez à ébullition en remuant avec une cuiller en bois, laissez bouillir à petit feu pendant 20 minutes : toutes les impuretés vont remonter à la surface avec le blanc d'œuf. Passez dans une mousseline, sans presser, et ajoutez les feuilles de gélatine, préalablement mises à tremper dans de l'eau froide.

3. Dans un saladier, un moule couronne ou un moule à cake, versez un peu de bouillon clarifié, mettez à prendre au froid 1/2 heure. Disposez alors les filets de poissons et les légumes, versez le reste du bouillon, laissez prendre au moins 3 heures au froid.

4. Préparez la rouille en écrasant l'ail et les filets d'anchois dans un mortier avec un jaune d'œuf. Ajoutez à ce mélange l'huile d'olive, goutte à goutte, en remuant constamment. Détendez la préparation avec une ou deux cuillerées à soupe de bouillon, assaisonnez de safran et de poivre de Cayenne (la rouille est traditionnellement bien relevée).

Proche de l'ailloli, la rouille est l'assaisonnement indispensable de la bouillabaisse, mais elle accompagne aussi très bien les légumes, les poissons bouillis, le poulpe, etc. On peut lui ajouter du piment rouge écrasé ou un trait de jus de citron.

Paella de la Côte basque

Préparation : 20 minutes.
Cuisson : 1 heure.

Pour 8 personnes :

- **1 poulet**
- **400 g de riz**
- **200 g de chorizo**
- **16 gambas**
- **200 g de blanc de seiche**
- **1 l de grosses moules**
- **1 kg de coquillages variés (praires, amandes de mer, coques)**
- **100 g d'oignons**
- **100 g d'échalotes**
- **1 poivron rouge**
- **4 gousses d'ail**
- **30 cl de vin blanc**
- **10 cl d'huile d'olive**
- **1 bouquet garni**
- **2 doses de safran**
- **Sel, poivre**

1. Mettez à cuire les blancs de seiche coupés en morceaux dans 10 cl de vin blanc, autant d'eau et le bouquet garni. Laissez cuire 20 minutes à petit feu, égouttez et gardez le jus de cuisson. Lavez et grattez les moules, faites-les ouvrir avec la moitié des échalotes, 2 gousses d'ail hachées et 10 cl de vin blanc ; égouttez-les et gardez le jus de cuisson. Rincez les coquillages, faites-les ouvrir avec le reste du vin blanc et le reste des échalotes hachées. Égouttez, filtrez le jus de cuisson et réservez-le.

2. Coupez le poulet en huit morceaux, faites-le revenir à l'huile d'olive dans un grand plat à paella. Quand il est doré, mettez-le dans une cocotte, mouillez avec les trois jus de cuisson, laissez cuire 20 minutes. Ajoutez alors les gambas et le chorizo, laissez cuire encore 5 minutes. Grillez le poivron à la flamme du gaz, ôtez la peau quand elle est noire, coupez le poivron en lanières.

3. Épluchez et hachez les oignons, mettez-les à revenir dans le plat à paella, ajoutez les gousses d'ail restantes, puis le riz. Laissez revenir 5 minutes en remuant à la cuiller en bois, mouillez avec le jus de cuisson de la cocotte, ajoutez le safran. Salez, poivrez, laissez cuire 15 à 20 minutes en surveillant l'évaporation du liquide.

4. 5 à 10 minutes avant la fin de la cuisson, égrenez le riz à la fourchette, mettez à chauffer dedans les morceaux de poulet, le chorizo, la seiche, les gambas, les moules et les coquillages ; terminez avec les lanières de poivron, servez dans le plat de cuisson.

La paella est le plat que l'on prépare dans la « paellera », grande poêle d'acier sans manche mais pourvue de deux poignées. Il existe des dizaines de recettes, avec toutes sortes d'ingrédients, mais vous ne ferez pas de bonne paella sans, au minimum, du poulet, de la seiche, des moules et des gambas (ou des langoustines).

Rougets en risotto

Préparation : 30 minutes.
Cuisson : 40 minutes.

Pour 4 personnes :

4 rougets-barbets (si vous faites lever les filets, demandez au poissonnier de laisser les foies dedans)
12 grosses moules (moules d'Espagne)
150 g de riz
1 tomate pelée et épépinée
20 cl de vin blanc
2 échalotes
1 gousse d'ail
1 bouquet garni
2 cuillerées à soupe d'huile d'olive
1 noix de beurre
Sel, poivre

1. Levez les filets des rougets avec un couteau bien aiguisé, réservez-les.

2. Préparez un petit fumet de poisson avec les arêtes et les têtes en les mettant à cuire 20 minutes avec le vin blanc et autant d'eau, le bouquet garni, du sel et du poivre.

3. Grattez les moules, faites-les ouvrir rapidement dans une casserole à feu vif. Découquillez-les et gardez le jus, que vous ajouterez au fumet de rouget.

4. Préparez votre risotto de manière classique : chauffez l'huile dans une grande sauteuse, faites revenir le riz avec la tomate coupée en dés, les échalotes et l'ail émincés. Quand le riz est transparent, mouillez-le avec le fumet de rouget, laissez cuire doucement en couvrant à moitié. Ajoutez les foies de poisson coupés en petits dés. Goûtez de temps en temps, rectifiez l'assaisonnement, ajoutez éventuellement un peu d'eau, ou, au contraire, découvrez et augmentez le feu pour faire évaporer le liquide : le riz doit être sec en fin de cuisson.

5. Quand le riz est cuit, faites revenir rapidement les filets de rouget à la poêle avec une noix de beurre, 1 minute de chaque côté ; réchauffez les moules en même temps. Dressez le riz en dôme sur un plat creux, disposez dessus les filets de rougets et les moules, servez bien chaud.

On appelle parfois « bécasse de mer » le rouget-barbet, poisson très fin et très goûteux à la fois. Deux espèces très proches sont couramment commercialisées : le rouget de vase, de couleur brun-rouge, et le rouget de roche (surmulet), le meilleur ; d'un beau rose vif, il est pêché surtout en Manche et le long des côtes vendéennes. Le foie des rougets, excellent, leur donne un goût caractéristique.

LD

Curry de lotte

Préparation : 10 minutes.
Cuisson : 30 minutes.

Pour 4 personnes :

1 kg de queue de lotte
100 g d'oignons
1 pomme
1 banane
2 ou 3 bulbes de fenouil
2 cuillerées à soupe de curry
1 cuillerée à soupe d'huile
50 g de beurre
10 cl de crème fraîche
20 cl de fumet de poisson (recette page 112)
20 cl de vin blanc sec
Sel

1. Coupez la lotte en morceaux d'environ 5 × 5 centimètres, séchez-les dans du papier absorbant. Épluchez et émincez les oignons, faites-les revenir doucement à l'huile pendant 5 minutes, ajoutez la lotte, saupoudrez avec le curry et laissez cuire doucement sans mouiller pendant 5 minutes. Épluchez la pomme, hachez-la ; coupez la banane épluchée en rondelles.

2. Mouillez la lotte avec le fumet de poisson et le vin blanc, ajoutez la pomme et la banane, laissez cuire 20 minutes à feu doux : les fruits vont fondre dans la sauce. Pendant ce temps, faites étuver tout doucement dans le beurre les bulbes de fenouil coupés en deux, sans les laisser colorer (vous pouvez mouiller de quelques cuillerées du jus de cuisson de la lotte).

3. Quand le poisson est cuit, réservez-le au chaud sur le plat de service, passez et faites réduire un peu la cuisson, ajoutez la crème fraîche et rectifiez l'assaisonnement. Servez la lotte et le fenouil nappés de sauce.

Le curry est un mélange d'épices préparé aux Indes depuis fort longtemps, de composition très variable selon les provinces. Celui qui est exporté chez nous est assez constant, préparé essentiellement avec du piment, du poivre, de la coriandre, du cumin, du curcuma, du tamarin, de la muscade, du gingembre et de la girofle. Doux, épicé ou très relevé, le curry (ou cari) convient aussi bien aux poissons qu'aux viandes, et s'accorde très bien avec les fruits.

1987
CHATEAU
SMITH HAVT LAFITTE
LOUIS ESCHENAUER S.A. PRORIÉTAIRE
EN BOUTEILLE AU CHATEAU

Huîtres en brochettes

Préparation : 30 minutes.
Cuisson : 20 minutes.

Pour 4 personnes :

24 huîtres (il faut utiliser des spéciales de bonne taille)
24 fines tranches de poitrine de porc fumée
50 g de beurre
500 g de tomates
2 ou 3 échalotes
1 cuillerée à soupe d'huile d'olive
1 pincée de sucre
1 bouquet de persil
Sel, poivre

1. Préparez un coulis de tomates : épluchez et émincez les échalotes, faites-les fondre dans l'huile, ajoutez les tomates épluchées et épépinées, la pincée de sucre, du sel et du poivre. Laissez étuver une vingtaine de minutes en remuant de temps en temps.

2. Pendant ce temps, ouvrez les huîtres, décoquillez-les, ébarbez-les et égouttez-les sur un torchon.

3. Enroulez chaque huître dans une tranche de poitrine, piquez l'ensemble sur des petites piques de bois. Faites revenir ces brochettes 3 ou 4 minutes à la poêle dans du beurre, poivrez légèrement.

4. Nappez les assiettes de coulis de tomates, disposez dessus les brochettes, décorez de petits bouquets de persil et servez bien chaud. Vous pouvez préparer cette recette en toute saison, même l'été quand les huîtres sont un peu grasses.

Les huîtres et le porc vont bien ensemble : dans le Bordelais, on sert souvent les huîtres crues avec des petites crépinettes grillées ; une huître, une bouchée de crépinette, une huître, et ainsi de suite — avec un bon graves blanc pour accompagner le tout.

Crépinettes d'huîtres au chou

Préparation : 10 minutes.
Cuisson : 15 minutes.

Pour 4 personnes :

16 huîtres spéciales de belle taille
300 g de filets de truite de mer
15 cl de crème fraîche
1 chou vert
Sel, poivre

1. Otez le trognon du chou, jetez les feuilles extérieures, détachez 16 belles feuilles ; faites-les blanchir à l'eau bouillante salée pendant 5 ou 6 minutes, rafraîchissez-les et égouttez-les.

2. Coupez les filets de truite au couteau en tout petits dés, comme pour faire un tartare de poisson, assaisonnez-les de sel et de poivre. Ouvrez les huîtres, décoquillez-les et ébarbez-les.

3. Sur chaque feuille de chou, déposez une cuillerée de tartare de truite, une huître, recouvrez d'une autre cuillerée de truite, refermez la feuille de chou en la roulant bien serrée. Rangez les crépinettes dans un plat allant au four.

4. Préchauffez le four à 220° (th. 7) ; versez une cuillerée de crème fraîche sur chaque crépinette, enfournez pour 7 ou 8 minutes, et servez aussitôt, en nappant avec la crème.

Le chou et le poisson s'entendent très bien : outre ce genre de crépinettes, que l'on peut aussi farcir avec d'autres coquillages comme les coquilles Saint-Jacques, par exemple, une étuvée de chou bien beurrée constituera un excellent support pour cuire des poissons délicats. Dans tous les cas, il est impératif de blanchir le chou à l'eau salée avant de l'utiliser.

Moules farcies au piment

Préparation : 20 minutes.
Cuisson : 10 minutes.

Pour 4 personnes :

- **24 grosses moules d'Espagne**
- **500 g de tomates**
- **50 g de poitrine de porc fraîche**
- **50 g de jambon cru (Bayonne ou Parme)**
- **1 ou 2 piments-oiseau (ou de la purée de piment, ou du cayenne en poudre)**
- **1 pincée de coriandre en poudre**
- **1 pincée de cumin**
- **1 branche de thym**
- **1 cuillerée à café d'origan**
- **Quelques feuilles de basilic**
- **3 cuillerées à soupe d'huile d'olive**
- **Sel, poivre de Cayenne**

1. Blanchissez la poitrine de porc à l'eau bouillante pendant 5 minutes, hachez-la avec le jambon cru, le piment, la coriandre et le cumin. Goûtez cette farce, elle doit être assez relevée.

2. Grattez et lavez les moules ; avec un petit couteau de cuisine, écartez les coquilles à cru, et glissez dans chaque moule une petite cuillerée à café de farce.

3. Ébouillantez les tomates, épluchez-les ; épépinez-les et coupez-les en petits dés, ajoutez le thym, le basilic et l'origan, assaisonnez de sel et de poivre de Cayenne. Disposez ce concassé de tomates sur un plat allant au four, posez les moules farcies dessus, arrosez l'ensemble avec l'huile d'olive.

4. Préchauffez le four à 200° (th. 6) et enfournez pour une dizaine de minutes : la tomate et les moules vont cuire ensemble. Vous pouvez servir le plat tel quel, ou ôter les demi-coquilles supérieures des moules, qui seront bien ouvertes après cuisson.

Le piment convient souvent beaucoup mieux que le poivre classique pour assaisonner les plats de haut goût comme les moules. Les Antilles et l'Amérique centrale en produisent de nombreuses variétés. La poudre est pratique d'emploi, mais je vous conseille de préparer de la purée de piment, meilleure, qui se conservera très longtemps dans des petits pots si vous la recouvrez d'huile.

Moules de bouchot à la moutarde

Préparation : 15 minutes.
Cuisson : 10 minutes.

Pour 4 personnes :

2 l de moules de bouchot
6 échalotes
10 cl de vin blanc sec (muscadet)
10 cl de crème fraîche
2 jaunes d'œufs
2 cuillerées à soupe de moutarde forte de Dijon
1 pincée de safran
1 cuillerée à soupe d'huile
Sel, poivre

1. Épluchez et émincez les échalotes, faites-les fondre avec l'huile dans une grande cocotte. Au bout de 5 minutes, mouillez avec le vin blanc, laissez étuver encore 5 minutes. Pendant ce temps, grattez et lavez les moules.

2. Mettez la cocotte à feu vif, jetez les moules dedans, couvrez et laissez cuire à feu vif 5 minutes, pas plus, en secouant de temps en temps la cocotte. Toutes les coquilles doivent alors être ouvertes.

3. Sortez les moules avec une écumoire, enlevez les demi-coquilles supérieures, disposez les coquillages dans des assiettes allant au four. Passez au chinois leur jus de cuisson, ajoutez-lui la crème fraîche et la moutarde, rectifiez l'assaisonnement, faites épaissir légèrement à feu moyen, en fouettant. Hors du feu, ajoutez les jaunes d'œufs et le safran, toujours en fouettant.

4. Nappez les moules avec la sauce, passez les assiettes 5 minutes à four chaud (th. 8, 240°) : elles vont en même temps se réchauffer et glacer légèrement. Servez immédiatement.

Les moules de bouchot sont les meilleures de nos côtes. Ne vous fiez pas à leur petite taille, elles sont beaucoup plus charnues que les moules ordinaires. Les épices exotiques (safran, curry) qui entrent souvent dans la composition de leurs recettes ne sont pas dues à la « nouvelle cuisine », mais à une vieille tradition, celle des marins de Nantes et de La Rochelle qui vendaient des épices ramenées de leurs voyages, dès le XVIe siècle.

Palourdes à la coriandre

Préparation : 10 minutes.
Cuisson : 25 minutes.

Pour 4 personnes :

3 douzaines de grosses palourdes
6 échalotes
15 cl de vin blanc sec
1 cuillerée à soupe de coriandre
125 g de beurre
Quelques brins de cerfeuil

1. Lavez les palourdes jusqu'à ce que l'eau soit bien claire. Épluchez et émincez les échalotes, mettez-les à fondre dans une grande casserole avec une noix de beurre ; après 5 minutes de cuisson, mouillez avec le vin blanc, laissez cuire encore 5 minutes.

2. Augmentez le feu sous la casserole, jetez les palourdes dedans, ajoutez la coriandre écrasée (le mieux est de mettre les graines dans un moulin à poivre) ; dès que les coquillages commencent à s'ouvrir, couvrez et éteignez le feu. Laissez infuser 10 minutes.

3. Enlevez les palourdes à l'écumoire, ôtez la partie supérieure des coquilles, rangez les palourdes sur le plat de service, gardez-les au chaud.

4. Passez au chinois la cuisson des coquillages, fouettez-la à feu doux en y incorporant le reste du beurre coupé en petits morceaux. Nappez les palourdes, servez le plat parsemé de pluches de cerfeuil.

Clovisse en Méditerranée, palourde en Atlantique, c'est un coquillage au goût très fin, même si les « fausses » palourdes, espèces voisines, sont un peu moins bonnes que la « vraie » (de forme plus trapézoïdale, avec l'intérieur de la coquille gris pâle). Il faut choisir les palourdes grosses, autant que possible, et ne pas trop les cuire.

Marinière de coques au persil plat

Préparation : 10 minutes.
Dégorgeage des coques : 2 heures.
Cuisson : 15 minutes.

Pour 4 personnes :

2 l de coques
6 échalotes
1 gousse d'ail
15 cl de vin blanc sec
125 g de beurre
1 gros bouquet de persil plat
Sel, poivre

1. Mettez les coques à dégorger dans de l'eau salée pendant au moins 2 heures. Lavez-les ensuite dans plusieurs eaux — les coques contiennent toujours du sable, il faut donc prendre bien soin de l'éliminer.

2. Préparez la marinière dans une grande casserole, en faisant fondre les échalotes, épluchées et émincées, ainsi que l'ail, avec une noix de beurre, pendant 5 minutes. Ajoutez alors le vin blanc sec, laissez cuire encore 5 minutes.

3. Augmentez le feu sous la marinière, mettez les coques à ouvrir, mais ne les laissez pas trop cuire : 2 minutes à feu vif, dans la casserole couverte, doivent suffire. Otez les coquillages de la casserole, enlevez la moitié des coquilles, rangez les coques dans un plat que vous garderez au chaud.

4. Passez la cuisson des coques dans un chinois dans lequel vous aurez placé une étamine, pour bien éliminer le sable qui pourrait rester. Fouettez ce jus à feu doux avec le reste du beurre et la moitié du persil haché, rectifiez l'assaisonnement ; nappez les coques, parsemez du reste du persil et servez.

Les coques font partie des coquillages que l'on peut encore ramasser en pêchant « à pied », à marée basse. Les plus réputées sont celles que l'on trouve sur tout le littoral du Nord, du Pas-de-Calais au Cotentin — on les appelle « hénons » en Picardie. Il ne faut ramasser que les coquillages bien fermés, ou qui se referment dès qu'on les touche.

Coquilles Saint-Jacques et leur fumet

Préparation : 20 minutes.
Cuisson : 40 minutes.

Pour 4 personnes :

12 belles coquilles Saint-Jacques (ou 16 petites)
25 cl de vin blanc sec
10 cl de crème fraîche
80 g de beurre
1 carotte
1 poireau
2 échalotes
1 petit bouquet de cerfeuil
Sel, poivre

1. Ouvrez les coquilles Saint-Jacques en glissant un couteau de cuisine à l'intérieur, le long de la valve plate ; sectionnez le muscle bien à ras, séparez la noix et le corail de l'autre demi-coquille et mettez-les dans de l'eau froide. Ne jetez pas les barbes, mais lavez-les dans une passoire.

2. Épluchez et émincez le poireau et les échalotes, épluchez et coupez en petits dés la carotte, mettez tous ces légumes en sauteuse avec une noix de beurre. Ajoutez les barbes coupées en morceaux, salez, poivrez et laissez étuver 5 minutes. Mouillez avec le vin blanc et autant d'eau, laissez cuire une vingtaine de minutes à découvert ; passez ce fumet et faites-le éventuellement réduire (vous devez obtenir environ 20 centilitres de liquide).

3. Coupez les noix de Saint-Jacques en deux dans le sens de l'épaisseur, mettez-les à pocher dans le fumet pendant 4 ou 5 minutes, pas plus. Réservez-les au chaud sur le plat de service.

4. Ajoutez la crème au fumet, faites épaissir un peu à feu vif. Ensuite, à feu doux, fouettez avec le reste du beurre, rectifiez l'assaisonnement et nappez les noix. Servez parsemé de cerfeuil.

N'achetez que des coquilles Saint-Jacques fraîches, et vivantes, en coquille (on les trouve d'octobre à la mi-mai). Les coquilles surgelées ne valent en général pas grand-chose parce qu'elles sont presque toujours d'une autre espèce, venant du Pacifique. Par contre, vous pouvez en congeler vous-même pour les déguster hors saison.

1986
CLAVOILLON
DOMAINE
1986

Coquilles Saint-Jacques à l'ail et aux amandes

Préparation : 15 minutes.
Cuisson : 5 minutes.

Pour 4 personnes :

12 belles coquilles Saint-Jacques (ou 16 petites)
6 gousses d'ail
50 g d'amandes émincées
150 g de beurre
1 bouquet de ciboulette
Sel, poivre

1. Ouvrez les coquilles Saint-Jacques : faites glisser un couteau de cuisine à l'intérieur, le long de la valve plate, pour sectionner le muscle bien à ras. Détachez-le ensuite de la coquille creuse, jetez les barbes, lavez les noix et le corail à l'eau froide.

2. Coupez les noix (mais pas le corail) en deux dans le sens de l'épaisseur, séchez-les bien avec du papier absorbant. Épluchez les gousses d'ail et émincez-les.

3. Faites fondre 50 grammes de beurre dans une grande sauteuse. Quand il mousse, mettez les Saint-Jacques et les amandes, salez, poivrez, faites cuire 2 minutes à feu modéré ; ajoutez l'ail, continuez la cuisson pendant 2 minutes. Les Saint-Jacques doivent légèrement colorer, sans plus.

4. Faites fondre le reste du beurre, ciselez la ciboulette. Disposez les Saint-Jacques dans des assiettes chaudes, arrosez-les de beurre fondu et parsemez largement de ciboulette.

Si vous trouvez la saveur de l'ail un peu forte, blanchissez donc les gousses à l'eau bouillante pendant 5 minutes avant de les éplucher : l'ail sera doux mais très savoureux. Dans tous les cas, ôtez le germe vert, indigeste, et ne faites pas trop rissoler l'ail, il prend un goût âcre.

Œufs en cocottes d'oursins

Préparation : 15 minutes.
Cuisson : 10 minutes.

Pour 4 personnes :

16 oursins

8 œufs très frais (de préférence des œufs du jour)

Quelques tranches de pain de campagne

100 g de beurre demi-sel

Sel, poivre

1. Ouvrez les oursins en les tenant dans un torchon ; introduisez la pointe des ciseaux dans la partie molle qui entoure la bouche (ouverture située sur le dessus de l'oursin) et découpez délicatement un tiers de la coque. Otez les langues de corail avec une petite cuiller, réservez-les dans un bol.

2. Nettoyez soigneusement l'intérieur des coquilles des huit plus beaux oursins, répartissez tout le corail dedans, cassez un œuf par coquille et ajoutez une noisette de beurre. Salez, poivrez, préchauffez le four à 240° (th. 8).

3. Faites cuire 8 à 10 minutes (le blanc des œufs doit rester un peu crémeux, et le jaune liquide). Servez ces œufs cocotte inédits avec des mouillettes de pain de campagne grillées, accompagnées de beurre demi-sel : le beurre fermier d'Échiré conviendra merveilleusement aux oursins à la coque.

On ne consomme dans l'oursin que le « corail », en réalité les organes génitaux, constitués de languettes orangées. La cuisine classique en a fait des sauces, des omelettes, des soupes, voire des soufflés ; préparés « à la coque », ces oursins gardent tout leur goût, exceptionnellement iodé. C'est une recette très naturelle, élégante à présenter.

Ormeaux aux girolles

Préparation : 15 minutes.
Cuisson : 2 heures 15 minutes.
(L'essentiel de la cuisson peut se faire à l'avance.)

Pour 4 personnes :

8 à 12 ormeaux (selon leur taille)
200 g de girolles
1 noix de beurre
1 carotte
1 oignon
12 gousses d'ail
1 bouquet garni
5 cl de cognac
10 cl de crème fraîche
Quelques brins de ciboulette
Vinaigre
Sel, poivre

1. Épluchez la carotte, l'oignon et l'ail, coupez-les en morceaux et mettez-les à cuire avec le bouquet garni dans 1 litre d'eau pour faire un petit court-bouillon. Salez, poivrez et laissez cuire ce court-bouillon 10 minutes.

2. Détachez les ormeaux de leurs coquilles, lavez-les à l'eau vinaigrée pour en éliminer le mucus. Mettez-les à cuire dans le court-bouillon pendant 2 heures à petits frémissements.

3. Épluchez et lavez rapidement les girolles, coupez les plus grosses en morceaux ; escalopez les ormeaux cuits, mettez-les à dorer dans une poêle avec le beurre, ajoutez les girolles, salez et poivrez.

4. Au bout de 5 minutes, flambez les ormeaux au cognac, ajoutez la crème, remuez et laissez mijoter une dizaine de minutes. Rectifiez éventuellement l'assaisonnement, servez parsemé de ciboulette ciselée.

Les ormeaux, qui se font malheureusement rares, ont une chair très fine mais un peu dure. Pour les attendrir, on peut les battre dans un torchon (comme les poulpes) avant utilisation, ou les cuire longtemps au court-bouillon : c'est cette seconde méthode que je vous recommande.

LD

Bulots en salade

Préparation : 15 minutes.
Cuisson : 1 heure.

Pour 4 personnes :

2 l de bulots vivants
1 carotte
1 oignon
1 gousse d'ail
1 bouquet garni
1 œuf
1 cœur de frisée
Quelques bouquets de mâche
Quelques brins de ciboulette
Quelques feuilles d'estragon
Vinaigre de vin
Huile de noisette
Moutarde forte
Sel, poivre

1. Préparez un court-bouillon : mettez dans 1 litre d'eau la carotte, l'oignon et l'ail épluchés et coupés en morceaux, ajoutez le bouquet garni, salez et poivrez, faites cuire une dizaine de minutes.

2. Lavez les bulots à l'eau froide et mettez-les à cuire dans ce court-bouillon pendant 1 heure à petits frémissements (laissez-les refroidir dans le court-bouillon). Faites cuire l'œuf dur.

3. Décoquillez les bulots, répartissez-les sur les salades. Assaisonnez d'huile de noisette, de vinaigre de vin, d'une pointe de moutarde forte, de sel et de poivre. Parsemez de ciboulette ciselée, de feuilles d'estragon et d'œuf dur haché. Si vous trouvez que l'huile de noisette a un goût trop prononcé, mélangez-la pour moitié à une huile neutre (pépins de raisin, par exemple).

Pour ne pas que les bulots soient caoutchouteux, il faut les choisir pas trop gros (au contraire des bigorneaux, qui sont meilleurs de belle taille), et les cuire longtemps au court-bouillon. Décoquillez-les et assaisonnez-les encore tièdes, ils n'en seront que meilleurs.

Poulpes à la grecque

Préparation : 15 minutes.
Cuisson : 1 heure 30 minutes.
(A préparer au moins 3 heures avant de servir, et de préférence la veille.)

Pour 4 personnes :

600 g de petits poulpes
1 carotte
2 citrons
1 cuillerée à soupe de grains de coriandre
10 cl d'huile d'olive
25 cl de vin blanc sec
1 petit bouquet de persil
Sel, poivre

1. Si le poissonnier ne l'a déjà fait, nettoyez les poulpes : ôtez les poches d'encre, toutes les parties noires, les yeux et les becs, rincez ensuite une dizaine de minutes dans de l'eau froide fréquemment renouvelée. Faites-les blanchir 5 minutes à l'eau bouillante salée, égouttez-les, coupez les corps et les tentacules en morceaux d'environ 1 centimètre.

2. Épluchez la carotte et coupez-la en rondelles, écrasez les grains de coriandre dans un mortier, et mettez-les dans un petit sachet en mousseline ; pressez les citrons.

3. Faites revenir doucement dans l'huile d'olive les morceaux de poulpe pendant 5 minutes, mouillez avec le vin blanc, autant d'eau, ajoutez le jus des citrons, la carotte et la coriandre dans son sachet, salez légèrement, poivrez et laissez cuire à tout petit feu pendant au moins 1 heure.

4. Laissez refroidir les poulpes dans leur cuisson, ôtez le sachet de coriandre, rectifiez si nécessaire l'assaisonnement, servez avec des petits bouquets de persil. Cette excellente entrée d'été se conserve 5 ou 6 jours au réfrigérateur.

Préférez les petits poulpes aux plus gros, qui sont durs et dont il faut battre la chair pour les rendre comestibles. Si vous ne les préparez pas au court-bouillon, je vous conseille de leur faire rendre leur eau ; mettez-les à étuver, coupés en morceaux, à couvert pendant 10 minutes, puis à découvert pendant encore 10 minutes pour faire évaporer l'eau rendue à couvert : vous pouvez alors réaliser la recette de votre choix, avec des poulpes qui seront bien plus savoureux.

Calamars à la bolonaise

Préparation : 45 minutes.
Cuisson : 3 heures 20 minutes.

Pour 4 personnes :

4 calamars moyens, ou 8 petits
150 g de poitrine de porc fraîche
150 g de bœuf bouilli
750 g de tomates
100 g d'oignons
2 gousses d'ail
1 œuf
50 g de mie de pain
50 cl de bouillon de viande
5 cuillerées à soupe d'huile d'olive
1 feuille de laurier
Quelques branches de thym
1 pincée de sucre
Sel, poivre

1. Préparez une sauce bolonaise : hachez (grosse grille) le bœuf et le porc ; émincez les oignons, faites-les fondre une dizaine de minutes dans 4 cuillerées d'huile d'olive. Ajoutez la moitié des viandes hachées, l'ail émincé, les tomates pelées, épépinées et coupées en morceaux, laissez étuver quelques minutes.

2. Mouillez avec le bouillon de viande, ajoutez la pincée de sucre, le thym et le laurier, salez et poivrez légèrement, et laissez cuire cette sauce à petit feu pendant 2 heures (on y ajoutera les calamars au bout de 1 heure de cuisson). Si les tomates ne sont pas très mûres, vous pouvez ajouter une cuillerée de concentré.

3. Mélangez le reste des viandes hachées, la mie de pain (mouillée d'un peu de bouillon) et l'œuf, salez et poivrez (l'ensemble doit être assez relevé), remplissez les calamars et refermez-les avec une petite pique en bois.

4. Faites revenir légèrement les calamars farcis dans l'huile d'olive restante, et mettez-les ensuite à cuire dans la sauce bolonaise pendant environ 1 heure. Servez les calamars nappés de sauce, accompagnés de pâtes fraîches ou de spaghettis.

Le bœuf bouilli (un reste de pot-au-feu, par exemple) est incomparable pour préparer farces et sauces à la viande. A défaut, vous pourrez le remplacer par du bœuf cru. La bolonaise nécessite une longue cuisson ; mais précisément parce qu'elle a cuit longtemps, elle se congèle très bien : préparez-la donc à l'avance quand vous avez du bœuf bouilli.

Tourteau au coulis d'étrilles

Préparation : 30 minutes.
Cuisson : 50 minutes.

Pour 4 personnes :

1 beau tourteau de 750 g, ou 2 plus petits
150 g de riz
1 noix de beurre
Sel

Pour le coulis d'étrilles :

500 g d'étrilles
1 oignon
1 carotte
1 gousse d'ail
1 bouquet garni
25 cl de fumet de poisson (recette p. 112)
25 cl de vin blanc
5 cl de cognac
1 cuillerée à soupe de concentré de tomate
1 cuillerée à soupe d'huile
Sel, poivre

1. Faites cuire le tourteau à l'eau bouillante salée (25 minutes pour un gros, 15 minutes pour les petits). Laissez-le refroidir.

2. Épluchez et émincez l'oignon et la carotte, faites-les revenir avec une cuillerée d'huile dans une sauteuse. Passez les étrilles crues au mixer, mettez-les dans la sauteuse, augmentez le feu et faites bien revenir le tout. Flambez au cognac, mouillez avec le vin blanc et le fumet de poisson, ajoutez le concentré de tomate, la gousse d'ail coupée en deux, le bouquet garni, un peu de sel et de poivre. Laissez cuire 30 minutes.

3. Décortiquez les tourteaux. Faites cuire le riz à l'eau bouillante salée. Mettez le riz à sécher avec le beurre à four doux (th. 1-2, porte entrouverte), mettez aussi la chair de crabe à tiédir dans un plat recouvert de papier d'aluminium.

4. Passez le coulis d'étrilles au chinois en pressant bien, faites-le éventuellement réduire un peu, rectifiez l'assaisonnement. Disposez la chair de crabe sur un socle de riz, nappez de coulis bien chaud et servez.

De tous les crabes, c'est sans doute l'étrille qui a la chair la plus fine ; malheureusement, sa petite taille la rend longue à décortiquer. C'est pour cela qu'on l'utilise presque toujours pour réaliser des soupes et des coulis, qu'elle parfume délicieusement.

VIN BLANC
DE
CHATEAU-GRILL
APPELLATION CONTROLÉE
1986
MIS EN BOUTEILLE AU CHATEAU
NEYRET-GACHET

Crabe à l'étouffée de cognac

Préparation : 5 minutes.
Cuisson : 35 minutes.
(Prévoir une seringue pour la réalisation du plat.)

Pour 4 personnes :

2 tourteaux d'environ 750 g

1 petit verre de cognac

2 citrons

1. Avec la seringue, injectez le cognac dans chaque tourteau par les côtés du dessous du coffre. Préchauffez le four à 200° (th. 6).

2. Mettez les crabes à cuire 35 minutes, en les posant simplement dans un plat allant au four. Quand ils sont cuits, laissez-les refroidir un peu pour pouvoir les tenir à la main. Détachez le dessous du coffre du haut de la carapace, sans le séparer complètement. Brisez les pinces et les pattes, sans les broyer.

3. Disposez les tourteaux sur le plat de service avec les citrons coupés en quartiers, et servez tiède : c'est tout simple et savoureux, et plus léger que le tourteau sauce mayonnaise. Dégustez l'intérieur du coffre avec des toasts et du beurre demi-sel.

Au printemps et en été, le tourteau femelle porte des œufs, et est en général plus « plein » que le mâle ; néanmoins, certains amateurs jugent la chair de ce dernier plus fine (pour les reconnaître, regardez l'abdomen : la languette triangulaire du mâle est beaucoup plus petite que celle de la femelle). Notez enfin que toutes les préparations du tourteau s'appliquent à l'araignée de mer, que certains jugent même supérieure en finesse au tourteau.

COGNAC
Champagne
1920
Laurent MERLIN
viticulteur
Arthenac - 17520 ARCHIAC
41% vol.

Gambas au gingembre

Préparation : 10 minutes.
Cuisson : 20 minutes.

Pour 4 personnes :
12 belles gambas (ou 16 plus petites)
500 g de tomates
100 g de beurre
1 morceau de racine de gingembre (environ 30 g)
5 cl de saké (alcool de riz japonais ; à défaut, vous pouvez préparer la recette avec du cognac...)
Quelques brins de ciboulette
Sel, poivre

1. Ébouillantez et épluchez les tomates, coupez-les en petits dés, réservez-en la moitié. Laissez dégeler les gambas à température ambiante. Épluchez le gingembre, coupez-le en une fine julienne.

2. Dans une sauteuse, faites revenir les gambas dégelées avec la moitié des dés de tomates et une noix de beurre, pendant 5 minutes, en les retournant. Flambez au saké, ajoutez le gingembre, salez, poivrez légèrement et laissez cuire 7 ou 8 minutes.

3. Dressez les gambas sur un plat que vous garderez au chaud, fouettez la sauce à feu doux avec le beurre restant ; ajoutez les dés de tomate crue, laissez-les chauffer 30 secondes et versez sur le plat. Servez parsemé de ciboulette ciselée.
Si vous ne voulez pas que vos convives « y mettent les doigts », vous pouvez ôter la carapace des gambas avant leur cuisson (mais il faut leur laisser la tête et la queue).

Les gambas fraîches se font de plus en plus rares (on en trouve encore couramment en Afrique du Nord), mais c'est un produit qui supporte bien la congélation lorsqu'il est de qualité. Les Japonais et les Indonésiens commencent à produire des crevettes d'élevage : elles sont souvent moins bonnes que les gambas pêchées au Sénégal ou en Mauritanie. Dans tous les cas, choisissez-les de belle taille.

Langoustines au sauternes

Préparation : 10 minutes.
Cuisson : 25 minutes.

Pour 4 personnes :

12 très grosses langoustines
1 carotte
2 oignons
15 cl de sauternes
15 cl de bouillon de volaille
100 g de girolles (à défaut, des petits champignons de Paris)
100 g de beurre
Quelques pluches de cerfeuil
Sel, poivre

1. Épluchez et émincez les oignons et la carotte, mettez-les à revenir dans une sauteuse avec une noix de beurre. Au bout de 5 minutes, ajoutez les langoustines dans la sauteuse, augmentez légèrement le feu et faites-les sauter rapidement (environ 1 minute), mouillez avec le sauternes et le bouillon de volaille, laissez cuire encore 1 minute ; sortez les langoustines et réservez-les.

2. Séparez les queues des têtes des langoustines, passez têtes et pinces au mixer, remettez le tout dans la sauteuse, laissez cuire environ 10 minutes. Passez l'ensemble au chinois en pressant bien, faites réduire un peu à feu vif. Ajoutez alors les champignons coupés en lamelles, laissez cuire 10 minutes.

3. Décortiquez les queues de langoustine en laissant le dernier anneau et la queue, faites-les chauffer 2 minutes à petit feu dans la sauce ; réservez-les sur un plat chaud, liez la sauce en la fouettant à feu doux avec le beurre restant (il doit être bien froid).

4. Rectifiez l'assaisonnement de la sauce, nappez les queues de langoustine, accompagnez des champignons et parsemez d'un peu de cerfeuil. Servez avec une garniture de pâtes fraîches ou, si vous en trouvez, de pâtes noires (faites avec de l'encre de seiche).

Vous pouvez également réaliser cette recette avec des écrevisses — mais on n'en trouve pas en toute saison. Les meilleures sont celles dites « à pattes rouges », ce sont aussi les plus rares. Ce crustacé délicat donne aux sauces un goût exquis. Comptez 6 à 8 écrevisses par personne.

SUPERIEUR CONTROLEE
Y
Saluces
1985
SUPÉRIEUR
A LA PROPRIETE
FRANCE

Langoustines flambées

Préparation : 5 minutes.
Cuisson : 10 minutes.

Pour 4 personnes :

- **8 très grosses langoustines (ou 12 grosses)**
- **10 cl de crème fraîche**
- **100 g de beurre**
- **5 cl de cognac**
- **1 pincée de quatre-épices**
- **Sel, poivre**

1. Coupez en deux dans le sens de la longueur les langoustines crues et ôtez le petit boyau noir qui rendrait la préparation amère.

2. Faites chauffer une grosse noix de beurre ; quand il est de couleur noisette, faites sauter rapidement les langoustines en les retournant une ou deux fois, pendant 2 minutes, pas plus. Flambez-les avec le cognac, salez, poivrez, rangez-les sur le plat de service tenu au chaud.

3. A feu vif, déglacez la poêle avec la crème, remuez bien, ajoutez la pincée de quatre-épices. Baissez le feu et ajoutez le reste du beurre en morceaux, en fouettant la sauce. Nappez les langoustines et servez aussitôt. Cette recette toute simple est délicieuse quand les langoustines sont très fraîches : sur les côtes de l'Atlantique, vous les trouverez parfois encore vivantes, c'est alors le moment de les préparer de cette manière.

Si elles sont les plus chères, les langoustines les plus grosses sont aussi les meilleures : les plus belles ne sont que 4 ou 5 au kilo — mais elles sont rares. Au-dessus de 6 ou 7 au kilo, elles ne conviendront pas à cette recette. Notez qu'il faut cuire les langoustines très brièvement, faute de quoi leur chair délicate devient cartonneuse.

CHAMPAGNE
MUMM DE CRAMANT
Blanc de Blancs
Brut
G.H. MUMM & Cie
REIMS
12 % vol.

Civet de langouste au saint-émilion

Préparation : 30 minutes.
Cuisson : 1 heure 20 minutes.

Pour 6 personnes :

1 langouste d'environ 1,2 kg
6 belles langoustines
100 g de seiches
1 carotte
1 oignon
1 poireau
1 tomate
150 g de beurre
50 cl de fumet de poisson (recette page 112)
50 cl de saint-émilion
Sel, poivre

1. Coupez en petits dés la carotte, l'oignon et le blanc de poireau, mettez cette mirepoix à étuver une dizaine de minutes avec une noix de beurre, du sel et du poivre. Augmentez le feu, mettez les langoustines à braiser sur la mirepoix avec la tomate coupée en dés et 10 centilitres de fumet de poisson. Laissez cuire 3 minutes, sortez les langoustines, ôtez les queues et réservez-les.

2. Écrasez les têtes et les pinces des langoustines dans la mirepoix, faites cuire l'ensemble 2 minutes, puis passez le tout au chinois. Dans une casserole, mélangez ce jus de cuisson avec le reste du fumet de poisson et le saint-émilion. Portez à ébullition, ajoutez les seiches coupées en petits morceaux, salez, poivrez, faites cuire l'ensemble 20 minutes. Passez au chinois.

3. Attachez la langouste à plat, mettez-la à pocher dans le fumet au saint-émilion pour 35 minutes ; égouttez-la rapidement, séparez le coffre de la queue, ôtez à la cuiller les parties crémeuses du coffre, ajoutez-les au fumet. Gardez la langouste au chaud, couverte de papier aluminium.

4. Faites réduire la cuisson à feu vif, fouettez-la avec le reste du beurre, rectifiez l'assaisonnement. Décortiquez les queues de langoustine, réchauffez-les 2 minutes dans la sauce. Dégagez la queue de la langouste de sa carapace, découpez-la en médaillons, et intercalez entre ceux-ci les queues de langoustine. Servez nappé de quelques cuillerées de sauce, le reste en saucière.

Il existe de nombreuses variétés de langoustes. La plus savoureuse est la rouge de Bretagne ou (plus rarement) de Méditerranée ; mais la langouste rose, qui vient souvent du Sénégal, est aussi très bonne, quoique en général plus petite.

Homard à la nage au basilic

Préparation : 10 minutes.
Cuisson : 45 minutes.

Pour 4 personnes :

4 petits homards (environ 500 g chacun) ou 2 plus gros
75 cl de vin blanc sec (muscadet)
2 carottes
2 blancs de poireaux
2 gros oignons blancs
2 branches de céleri
1 bouquet garni
150 g de beurre
2 citrons
2 cuillerées à soupe de basilic haché
Poivre en grains
Sel

1. Épluchez et lavez les légumes, coupez les poireaux et le céleri en tronçons, les carottes et les oignons en rondelles. Faites-les étuver avec une noix de beurre pendant 5 à 10 minutes. Mouillez avec le vin blanc et la même quantité d'eau, ajoutez le bouquet garni et quelques grains de poivre, salez, faites cuire ce court-bouillon pendant 20 minutes à petit feu. Laissez refroidir.

2. Mettez les homards dans le court-bouillon froid, portez tout doucement à petits frémissements, laissez pocher pendant 15 minutes. A mi-cuisson, ajoutez le basilic.

3. Pressez les citrons, mélangez le jus obtenu au beurre que vous aurez fait fondre. Quand les homards sont cuits, sortez-les de la nage, brisez leurs pinces sans les écraser, remettez-les dans leur cuisson et servez-les tels quels avec le beurre citronné.

En Manche, on appelle « demoiselles » les petits homards individuels. Aujourd'hui, on trouve surtout des homards d'élevage canadiens, de couleur brune. Moins onéreux que les homards bretons (de couleur bleue), ils sont moins bons, surtout s'ils sont sortis du vivier depuis un certain temps. Pour ce genre de recette toute simple, les crustacés de nos côtes sont préférables (augmentez le temps de pochage dans le cas de homards plus gros).

Homards au beurre noisette

Préparation : 5 minutes.
Cuisson : 25 minutes.

Pour 4 personnes :

2 homards de 800 g à 1 kg chacun
150 g de beurre
2 cuillerées à soupe de feuilles d'estragon hachées
Sel, poivre

1. Dans un plat à sauter allant au four, faites chauffer la moitié du beurre jusqu'à ce qu'il prenne une belle couleur noisette. Coupez en deux dans le sens de la longueur les homards vivants. Faites-les raidir dans le beurre pendant 5 minutes, en les retournant et en les arrosant avec le beurre ; salez et poivrez. Préchauffez le four à 180°-200° (th. 5-6).

2. Séparez les pinces des corps des homards, et mettez-les au four dans le plat à sauter : elles doivent cuire un peu plus longtemps que les queues, à cause de l'épaisseur de la carapace. Après 10 minutes de cuisson, ajoutez les corps des homards pour encore 10 minutes, arrosez avec le beurre noisette.

3. En fin de cuisson, ajoutez dans le plat le reste du beurre et l'estragon haché, arrosez les homards et servez dans le plat de cuisson, avec des quartiers de citron si vous le désirez. Cette recette toute simple convient particulièrement aux homards femelles, garnis d'œufs.

Pour obtenir du beurre noisette sans risquer de le brûler, il faut le clarifier au préalable : faites-le fondre à feu doux et séparez le petit-lait qui reste au fond en versant doucement le beurre fondu. Cette précaution est inutile si vous utilisez du beurre de première qualité — je vous recommande celui des Charentes (Echiré ou Surgères), au goût subtil et délicat.

Ballottines d'anguille au chinon

Préparation : 45 minutes.
Cuisson : 30 minutes.

Pour 6 personnes :

- **1 anguille d'environ 1 kg**
- **200 g de filets de merlan**
- **200 g de beurre**
- **2 œufs, jaunes et blancs séparés**
- **5 cl de crème fraîche**
- **100 g d'échalotes**
- **Une douzaine de petits oignons blancs**
- **100 g de poitrine de porc demi-sel**
- **50 cl de chinon rouge**
- **25 cl de bouillon de viande**
- **5 cl de cognac**
- **1 bouquet garni**
- **Sel, poivre**

1. Dépouillez l'anguille, videz-la et ôtez l'arête centrale (vous pouvez faire faire tout cela par votre poissonnier). Préparez une mousse avec les filets de merlan : faites fondre dans une noix de beurre la moitié des échalotes, finement émincées ; passez les filets de merlan crus au mixer avec ces échalotes, ajoutez les jaunes d'œufs, salez, poivrez et mettez cette préparation au froid.

2. Battez les blancs d'œufs en neige, incorporez-les aux filets mixés, ajoutez ensuite la crème fraîche froide. Salez et poivrez, mélangez bien cette mousse. Coupez l'anguille en tronçons d'une dizaine de centimètres, tartinez-les de mousse, roulez-les transversalement et ficelez chaque extrémité.

3. Faites dorer ces ballottines dans une sauteuse avec le reste des échalotes et deux ou trois noix de beurre. Salez, poivrez, flambez au cognac, mouillez avec le chinon et le bouillon de viande, ajoutez le bouquet garni. Laissez cuire une vingtaine de minutes. Pendant ce temps, faites étuver avec une noix de beurre les petits oignons pendant 10 minutes, ajoutez la poitrine de porc coupée en petits cubes pour encore 10 minutes.

4. Quand les ballottines sont cuites, réservez-les au chaud. Faites réduire la sauce, passez-la, liez-la avec le reste du beurre, rectifiez l'assaisonnement. Otez les ficelles des ballottines, découpez-les en tranches, servez-les garnies des oignons et des lardons et nappées de sauce. Des nouilles fraîches accompagneront très bien ce plat.

Cette recette d'anguille, somme toute assez traditionnelle, reste intéressante : elle révèle les surprenants accords entre poissons et vins rouges. Naturellement, vous accompagnerez ce plat d'un chinon rouge, qui pourra être d'un millésime plus prestigieux que celui qui aura servi à la préparation de la recette.

René Couly
Chinon
75 cl

Bar rôti au thym

Préparation : 10 minutes.
Cuisson : 20 minutes.

Pour 4 personnes :

1 bar d'environ 1 kg

1 beau bouquet de thym en branches

100 g d'échalotes

25 cl de crème fraîche

1 cuillerée à soupe d'huile

Sel, poivre

1. Videz le bar par les ouïes, rincez-le rapidement en faisant couler de l'eau par la bouche (vous pouvez demander à votre poissonnier de vider le poisson). Ne l'écaillez pas : la peau avec ses écailles protège bien la chair pendant la cuisson.

2. Préchauffez le four à 240° (th. 8) ; glissez les branches de thym dans la cavité abdominale du bar et dans ses ouïes, huilez le poisson à l'aide d'un pinceau, mettez-le à rôtir dans le four, sur une grille posée au-dessus d'un plat. Comptez environ 15 à 20 minutes de cuisson.

3. Préparez la sauce : épluchez et émincez les échalotes, mettez-les à cuire à feu doux avec la crème fraîche, pendant environ 15 minutes ; la crème doit épaissir, mais veillez à ce qu'elle ne tourne pas en beurre. Salez et poivrez cette crème d'échalotes en fin de cuisson.

4. Servez le bar entier avec la sauce. Des blancs de poireaux ou des brocolis cuits à la vapeur accompagnent très bien ce plat.

Le degré de cuisson d'un poisson entier au four est assez difficile à apprécier. Il faut pourtant éviter de trop le cuire, car sa chair est alors beaucoup moins savoureuse. Rien ne remplace l'expérience (je vous recommande de prendre des notes à chaque fois que vous réalisez une telle cuisson), mais vous pouvez faire un test en tirant sur la nageoire dorsale : si elle se détache facilement, le poisson est cuit. Notez que « rose à l'arête » signifie que l'arête doit être rose, pas la chair...

Barbue aux endives

Préparation : 10 minutes.
Cuisson : 25 minutes.

Pour 4 personnes :

600 à 800 g de barbue en filets
6 endives
35 cl de crème fraîche
50 g de beurre
1 pincée de sucre
Sel, poivre

1. Épluchez les endives : otez les feuilles extérieures, et coupez largement les tronçons, qui sont durs. Lavez-les et coupez-les en gros morceaux, égouttez bien. Séchez les filets de barbue dans un papier absorbant.

2. Faites étuver les endives avec la moitié du beurre à feu doux pendant 5 minutes, versez la crème fraîche, salez, poivrez et ajoutez la pincée de sucre. Laissez cuire les endives environ 10 minutes.

3. Faites sauter les filets de barbue 1 ou 2 minutes à la poêle, dans le reste du beurre. Disposez-les sur la fondue d'endives, salez et poivrez, passez le tout à four vif 5 minutes, pas plus : les filets de barbue doivent être tout juste cuits, ainsi, la chair du poisson restera ferme, tandis que les endives seront fondantes.

La barbue est une cousine du turbot, auquel elle ressemble beaucoup. En général moins chère à l'achat, elle est pourtant moins courante que le turbot, sauf sur les côtes de la Manche. Si vous prenez soin de ne pas trop la cuire (ce qui ramollit sa chair), elle sera pratiquement aussi bonne que son aîné.

CHATEAU
SMITH HAUT
LOUIS ESCHENAUER S.A.
MIS EN BOUTEILLE

Cabillaud aux salicornes

Préparation : 10 minutes.
Cuisson : 15 minutes.

Pour 4 personnes :

1 filet épais de cabillaud de 600 à 800 g (avec la peau)
200 g de salicornes
Quelques bouquets de pourpier
150 g de beurre
1 bouquet de ciboulette
Sel, poivre

1. Épluchez le pourpier, lavez les salicornes à l'eau froide. Otez les arêtes qui pourraient rester dans le filet de cabillaud à l'aide d'une pince à épiler. Faites cuire les salicornes 5 à 10 minutes à l'eau bouillante salée, à découvert pour qu'elles gardent leur belle couleur verte.

2. Faites chauffer une noix de beurre dans une sauteuse, salez et poivrez le filet de cabillaud, coupez-le en quatre morceaux, mettez-les à cuire côté peau, sans les retourner mais en les arrosant souvent et en couvrant la sauteuse pendant la moitié de la cuisson. Le temps de cuisson varie selon l'épaisseur du filet de poisson : évitez surtout de trop le cuire.

3. Préparez un beurre blanc naturel avec une cuillerée d'eau et 100 grammes de beurre (recette du beurre blanc page 120). Ajoutez la ciboulette ciselée, gardez ce beurre blanc en saucière dans un bain-marie tiède.

4. Faites sauter rapidement les salicornes et le pourpier à la poêle avec une noix de beurre. Salez, poivrez, servez le cabillaud sur un lit de verdure, accompagné du beurre blanc à la ciboulette.

On trouve des salicornes en été, car ces petites plantes au goût délicat sont récoltées sur nos côtes à partir du mois de juillet. Vous pouvez les préparer comme des haricots verts, ou les consommer crues, en salade, si elles sont jeunes et tendres. Ou encore les préparer au vinaigre, exactement comme des cornichons.

Baron de L
Pouilly Fumé Contrôlée
1985
75 cl

Daurade à l'oseille

Préparation : 15 minutes.
Cuisson : 15 minutes.

Pour 4 personnes :

2 daurades d'environ 750 g chacune, ou 4 petites de 300 g
500 g d'oseille
25 cl de crème fraîche
100 g de beurre
1 pincée de sucre
Sel, poivre

1. Otez les arêtes des poissons en laissant la tête et la queue : il faut fendre le poisson par le dos, puis passer le couteau de part et d'autre de l'arête, casser celle-ci à ras de la tête et de la queue et l'enlever ; videz ensuite les daurades, et vérifiez qu'il n'y a plus d'arêtes sur les flancs de la cavité ventrale. A condition de disposer d'un couteau bien aiguisé, à lame souple, l'opération est plus facile qu'on ne le pense ; mais votre poissonnier se chargera volontiers de cette tâche.

2. Épluchez l'oseille, faites-la blanchir 1 minute à l'eau bouillante salée, égouttez-la et passez-la au mixer. Mettez-la ensuite à étuver une quinzaine de minutes avec la crème fraîche, la moitié du beurre, du sel, du poivre et une pincée de sucre si vous la jugez trop acide.

3. Préchauffez le four à 200° (th. 6), salez et poivrez les daurades, mettez-les à cuire avec le reste du beurre et deux cuillerées à soupe d'eau pendant 10 minutes si ce sont des petites, 15 minutes si elles sont plus grosses. Arrosez les poissons de temps en temps.

4. Versez la fondue d'oseille dans le plat de service (ou dans les assiettes), disposez les daurades dessus, passez le tout sous le gril du four pendant 3 ou 4 minutes, et servez immédiatement.

Daurade royale, daurade rose ou daurade grise, cet excellent poisson se fait malheureusement de plus en plus rare, surtout les deux premières variétés. Si vous avez la chance de trouver une vraie daurade royale de belle taille, préparez la recette avec un seul poisson, en le laissant cuire un peu plus longtemps au four. Mais demandez alors au poissonnier d'écailler le poisson, car les écailles de grosses daurades sautent partout quand on les ôte.

Éperlans en friture au paprika

Préparation : 15 minutes.
Cuisson : 7 à 8 minutes.

Pour 4 personnes :

700 g d'éperlans
30 cl de lait
2 cuillerées à soupe de paprika doux
1 pincée de poivre de Cayenne
50 g de farine
1 bouquet de persil frisé
1 citron
Huile de friture
Sel

1. Videz les éperlans, mais n'enlevez pas leurs têtes. Séchez-les dans du papier absorbant, trempez-les dans le lait que vous aurez salé, égouttez-les. Mélangez la farine et le paprika, ajoutez le poivre de Cayenne.

2. Faites chauffer l'huile de friture à feu assez vif (elle doit être à 180°). Roulez la moitié des éperlans dans le mélange farine-paprika, secouez-les pour enlever l'excédent de farine, mettez-les dans la friture.

3. Quand les poissons sont dorés (au bout de 2 ou 3 minutes), ôtez-les à l'écumoire, mettez-les sur le plat de service tenu au chaud (disposez une serviette blanche ou un essuie-tout sur le plat de service pour absorber l'excédent d'huile).

4. Procédez de la même manière avec l'autre moitié des poissons. Faites frire en fin de cuisson quelques bouquets de persil que vous disposerez sur le plat. Servez cette friture au paprika avec des quartiers de citron.

Deux conditions pour réussir une bonne friture : les poissons doivent être bien secs (d'où le passage dans la farine), et l'huile à bonne température : c'est pour cela qu'il est toujours préférable d'opérer en deux fois, une trop grande quantité d'aliments mis à cuire en même temps refroidissant le bain de friture.

Grondins au beurre de bigorneaux

Préparation : 20 minutes.
Cuisson : 15 minutes.

Pour 4 personnes :

- **4 grondins « portion » (250 à 300 g chacun, le grondin comporte beaucoup de déchets), ou 2 plus gros**
- **1/2 l de bigorneaux vivants, gros de préférence**
- **20 cl de vin blanc sec**
- **6 échalotes**
- **100 g de beurre**
- **Le jus de 1/2 citron**
- **Gros sel**
- **Sel, poivre**

1. Lavez les bigorneaux à l'eau courante en les brassant bien, mettez-les à cuire dans de l'eau très salée frémissante (comptez 30 grammes de gros sel par litre d'eau) ; laissez cuire 2 minutes, pas plus, égouttez-les et décoquillez-les.

2. Écaillez les grondins, coupez-leur la tête, videz-les, ôtez l'arête centrale en les fendant latéralement (laissez la queue attenante), salez et poivrez. Épluchez les échalotes, émincez-les. Préchauffez le four à 180° (th. 5), mettez les poissons à cuire avec les échalotes et le vin blanc pour environ 10 minutes (15 minutes pour des plus gros).

3. Quand les poissons sont cuits, réservez-les au chaud sur le plat de service, passez le jus de cuisson dans une casserole, faites-le éventuellement réduire un peu, ajoutez le jus de citron, puis le beurre en morceaux, en fouettant ; chauffez les bigorneaux 1 minute dans cette sauce, nappez les grondins et servez immédiatement.

Les grondins et les tombes sont souvent vendus sous le nom de « rougets grondins », mais ils n'ont rien à voir avec les rougets. Leur chair, maigre et ferme, est cependant très estimable quand ils sont bien frais. Ces poissons à la tête caractéristique grognent quand on les sort de l'eau, ce qui leur a valu leur nom.

Filets de hareng en papillote

Préparation : 5 minutes.
Cuisson : 10 à 15 minutes.

Pour 4 personnes :

4 à 6 harengs frais, de préférence sans œufs ni laitances
50 g de moutarde blanche de Dijon
4 cuillerées à soupe de crème fraîche
Pommes de terre pour la garniture
Sel, poivre

1. Écaillez les harengs, coupez-leur la tête, videz-les en leur fendant l'abdomen, puis coupez-les en deux dans le sens de la longueur et ôtez l'arête centrale : c'est très facile avec le hareng, il suffit de tirer sur l'arête.

2. Répartissez les filets sur quatre larges carrés de papier aluminium, salez (légèrement), poivrez, puis tartinez les filets de moutarde. Ajoutez enfin une cuillerée de crème par portion, avant de replier l'aluminium en formant une papillote bien fermée.

3. Préchauffez le four à 240° (th. 8) et mettez les papillotes à cuire 10 à 15 minutes, selon la taille des harengs. Préparez pendant ce temps des petites pommes de terre en robe des champs.

4. Glissez les papillotes brûlantes sur les assiettes et servez-les telles quelles avec les pommes de terre en robe des champs : chacun ouvre sa papillote pour déguster les filets à la moutarde.

Pour la cuisson en papillote, le hareng « vide », c'est-à-dire pêché à la fin de l'hiver, après le frai, est préférable : dépourvu d'œufs ou de laitance, il a surtout une chair beaucoup plus maigre que le hareng « plein » d'automne. Ce dernier convient particulièrement à la cuisson au gril ou à la poêle.

Chou braisé au haddock

Préparation : 10 minutes.
Cuisson : 45 minutes.

Pour 4 personnes :

1 chou vert frisé
500 g de haddock
2 oignons moyens
2 gousses d'ail
1 belle tranche de jambon cru (Bayonne ou Parme)
50 g de saindoux
1 bouquet garni
Sel, poivre

1. Otez les feuilles extérieures du chou, lavez-le, faites-le blanchir 5 minutes dans beaucoup d'eau bouillante salée. Rafraîchissez-le ensuite à l'eau froide, ôtez le trognon, coupez le chou en huit morceaux. Épluchez et émincez l'ail et les oignons.

2. Dans une cocotte, faites fondre le saindoux, mettez le chou à braiser avec l'ail et l'oignon, salez très légèrement, poivrez, ajoutez le bouquet garni. Faites braiser à couvert pendant environ 30 minutes, à petit feu, en mouillant éventuellement de temps à autre avec un peu d'eau. A mi-cuisson, ajoutez la tranche de jambon cru coupée en petits dés.

3. Quand le chou commence à être tendre, posez dessus le haddock découpé en gros morceaux, couvrez et laissez étuver 10 minutes à feu très doux. Servez le poisson sur le chou, parsemé de petits dés de jambon.

Le véritable haddock, si prisé de nos amis anglais, est de l'églefin coupé en deux dans le sens de la longueur et fumé. Hélas, on vend trop souvent d'autres filets de poisson fumés (et colorés artificiellement !) sous ce nom. Mais ils n'ont pas la finesse de goût du haddock. Choisissez celui-ci épais, souple et de couleur jaune pâle ou orangée, sans excès.

Lieu au vert

Préparation : 10 minutes.
Cuisson : 15 minutes.

Pour 4 personnes :

700 à 800 g de filets de lieu jaune (avec la peau)
1 laitue
100 g de cresson
80 g de beurre
25 cl de crème fraîche
Sel, poivre

1. Épluchez et lavez la laitue et le cresson, mettez-les à étuver dans une sauteuse avec une noix de beurre, du sel et du poivre pendant 5 minutes. Passez-les au mixer, ajoutez la crème fraîche, rectifiez l'assaisonnement et laissez cuire encore 5 minutes à découvert : l'ensemble doit légèrement épaissir.

2. Poêlez les filets de lieu avec le reste du beurre, en les posant sur le côté peau et en ne les retournant pas pendant la cuisson ; il suffira de les arroser régulièrement avec le beurre de cuisson pour qu'ils soient juste cuits et très moelleux.

3. Salez et poivrez le poisson, nappez les assiettes de la mousse de verdure, disposez les filets de lieu dessus et servez aussitôt. Vous pouvez préparer également une mousse à base de mâche : cette salade convient très bien à ce genre de préparation.

De la même famille que le lieu noir, le lieu jaune est un peu plus onéreux, mais nettement plus fin. Il s'accommode bien de la cuisson « sur la peau », qui donne à ce poisson trop souvent jugé comme ordinaire un goût très délicat : une tranche farinée et classiquement cuite dans l'huile chaude n'a absolument pas la même saveur, car la chair du poisson est en contact direct avec la source de chaleur, au lieu d'être protégée par la peau.

Rôti de lotte au cumin et au safran

Préparation : 10 minutes.
Cuisson : 25 minutes.

Pour 4 personnes :

1 queue de lotte (ou un tronçon) de 800 g à 1 kg
200 g de céleri en branches
6 échalotes
2 citrons non traités
100 g de beurre
15 cl de crème fraîche
25 cl de vin blanc sec
2 doses de safran
1 cuillerée à soupe de cumin
Sel, poivre

1. Mélangez le cumin, le safran, du sel et du poivre dans un plat creux, roulez la queue de lotte dedans. Épluchez les échalotes, émincez-les ; coupez les citrons en quartiers.

2. Préchauffez le four à 200° (th. 6), faites un lit de citrons et d'échalotes sur le plat de cuisson, posez dessus la lotte, ajoutez la moitié du beurre, arrosez avec le vin blanc et enfournez pour environ 20 minutes (piquez le poisson pour tester la cuisson).

3. Faites étuver les céleris dans le beurre restant, à feu doux. Quand la lotte est cuite, réservez-la au chaud sur le plat de service avec les céleris cuits.

4. Passez la cuisson du poisson au chinois, faites-la réduire un peu, ajoutez la crème, rectifiez l'assaisonnement (ajoutez éventuellement un peu de cumin et de safran dans la sauce). Nappez la lotte et servez.

Vous ne verrez jamais de tête de lotte sur les étals des poissonniers : elle est tellement laide qu'on la coupe toujours pour donner meilleur aspect au « diable de mer », avant de le vendre. La lotte est facile à préparer et se prête à une multitude de recettes ; il faut se dépêcher d'en profiter, car elle est tellement pêchée qu'elle va peut-être finir par se raréfier sérieusement.

Merlans au naturel

Préparation : 10 minutes.
Cuisson : 10 minutes.

Pour 4 personnes :

4 beaux merlans
5 citrons
100 g de beurre
Sel, poivre

1. Ébarbez les poissons et écaillez-les. Fendez les merlans par le dos pour leur ôter l'arête : il faut glisser le couteau de part et d'autre de l'arête, en allant de la tête vers la queue. Avec de gros ciseaux, sectionnez alors l'arête près de la tête et près de la queue, ôtez-la et videz les poissons en même temps.

2. Épluchez 4 citrons à vif, c'est-à-dire sans laisser de peau blanche. Coupez-les en quartiers, rangez-les sur un plat allant au four. Posez dessus les merlans salés, poivrés et garnis de quelques copeaux de beurre, préchauffez le four à 220° (th. 7).

3. Enfournez pour 10 à 15 minutes, en arrosant de temps en temps avec le beurre fondu. Pressez le dernier citron, mélangez son jus avec le reste du beurre, fondu et mis en saucière. Servez les merlans dès qu'ils sont cuits, accompagnés du beurre citronné, qui met très bien en valeur leur chair délicate.

Le merlan est un poisson très fin, qui ne doit surtout pas trop cuire : sa chair a alors tendance à se défaire. Il est savoureux préparé le plus naturellement possible, mais donne aussi un liant inimitable aux soupes, dans lesquelles il « fond » littéralement. Choisissez des merlans entiers, brillants et rigides — il est beaucoup plus difficile de juger de la fraîcheur du poisson quand il est détaillé en filets.

Ailerons de raie aux crevettes

Préparation : 30 minutes.
Cuisson : 20 minutes.

Pour 4 personnes :

1 kg d'ailerons de raie

250 g de crevettes grises vivantes

250 g de tomates pelées et épépinées (les tomates en boîte au naturel conviennent bien)

1 cuillerée à soupe d'huile d'olive

Quelques branches de thym

1 feuille de laurier

Vinaigre, gros sel, poivre en grains

1 pincée de sucre

Sel, poivre

1. Faites cuire les crevettes grises dans de l'eau très salée (30 grammes de gros sel par litre d'eau) pendant 30 secondes, pas plus. Égouttez-les mais évitez de les passer à l'eau froide ; décortiquez-les dès qu'elles ne sont plus trop chaudes.

2. Préparez un coulis en faisant réduire les tomates avec l'huile d'olive, du sel, du poivre, un peu de thym et la pincée de sucre. Dépouillez les ailerons de raie (si le poissonnier ne l'a déjà fait) et lavez-les à l'eau froide. Préparez un petit court-bouillon avec de l'eau salée et vinaigrée, additionnée de quelques grains de poivre, de thym et d'une feuille de laurier. Faites cuire ce court-bouillon 10 minutes, puis faites pocher la raie à petits frémissements pendant 3 minutes, pas plus. Égouttez et laissez un peu refroidir.

3. Disposez les ailerons de raie sur un plat allant au four. Ouvrez-les en deux : ôtez délicatement le filet du dessus, enlevez l'arête cartilagineuse, répartissez les crevettes sur le filet du dessous, recouvrez avec le filet du dessus.

4. Nappez de coulis de tomate, remettez les ailerons de raie à four chaud (200°, th. 6) pendant 5 ou 7 minutes, avec un papier d'aluminium sur le plat, pour réchauffer et finir de cuire le poisson ; servez au sortir du four.

Pour réussir cette recette, il vous faut des ailerons de raie épais (la meilleure variété est la raie bouclée), et des crevettes grises vivantes : préparées en quelques instants, elles sont sans comparaison avec celles qui sont vendues toutes cuites.

Rougets meunière

Préparation : 10 minutes.
Cuisson : 10 minutes.

Pour 4 personnes :

4 rougets « portion » (ou 8 plus petits) avec leurs foies
150 g de beurre
1 citron
2 cuillerées à soupe de farine
1/2 baguette de pain pour les croûtons
Sel, poivre

1. Les rougets sont en général vendus écaillés. Il vous reste donc à ôter leur arête dorsale en les fendant par le dos, et à les vider en conservant leur foie. Séchez-les dans du papier absorbant, passez-les dans de la farine salée et secouez-les pour enlever l'excédent de farine.

2. Faites chauffer 50 grammes de beurre dans une poêle à fond épais, mettez à cuire les rougets à feu modéré (le beurre doit rester noisette), pendant 2 ou 3 minutes de chaque côté. A mi-cuisson, pressez la moitié du citron au-dessus de la poêle, arrosez les poissons avec le mélange citron-beurre de cuisson. Salez et poivrez.

3. Dans une autre poêle, faites raidir les foies des rougets pendant 1 minute avec une grosse noix de beurre. Réservez-les, rajoutez une noix de beurre dans la poêle et faites dorer des petites tranches de baguette. Tartinez ces croûtons avec les foies des rougets.

4. Servez les rougets avec leurs croûtons et le reste du beurre fondu en saucière, aromatisé avec le jus du demi-citron restant. Accompagnez ces rougets meunière d'une mousse de pois frais en été, d'une mousse de pois cassés en hiver.

Les mousses de légumes verts accompagnent bien les poissons ; avec les rougets, elles donnent en plus un plat très joliment coloré. En saison, la mousse de pois frais (cuits à l'eau salée, puis mixés avec de la crème, et additionnés de chantilly) est incomparable ; hors saison, les pois cassés et les laitues donnent de bons résultats.

Blanquette de saint-pierre aux coques

Dégorgeage des coques : 2 heures.
Préparation : 45 minutes.
Cuisson : 1 heure.

Pour 4 personnes :

2 saint-pierre d'environ 800 g chacun (comptez 50 % de déchets dans le saint-pierre)
1 l de coques
150 g de champignons (pieds-de-mouton, à défaut champignons de Paris)
150 g de carottes
1 noix de beurre
2 jaunes d'œufs
15 cl de crème fraîche
1 citron

Pour le fumet de poisson :

250 g d'arêtes et de parures de poissons blancs (sole, turbot, etc.) que vous demanderez à votre poissonnier
2 échalotes
1 oignon
1 carotte
1 blanc de poireau
Quelques champignons de Paris
50 cl de vin blanc sec
50 cl d'eau
1 noix de beurre
Sel, poivre

1. Mettez les coques à dégorger dans de l'eau salée pendant 2 heures, rincez-les ensuite dans beaucoup d'eau, pour éliminer un maximum de sable. Faites étuver les champignons et les carottes, taillées en bâtonnets, avec la noix de beurre pendant 10 minutes à feu doux.

2. Préparez le fumet : faites étuver les légumes épluchés et émincés avec la noix de beurre, ajoutez les arêtes et les parures, mouillez avec l'eau et le vin blanc, laissez cuire 30 minutes. Passez ensuite au chinois, rectifiez l'assaisonnement, réservez (ce fumet se congèle très bien).

3. Otez les arêtes dorsales des poissons en les ouvrant par le dos (assez délicat à faire avec le saint-pierre, il vaut mieux demander au poissonnier de vous les désarêter), en laissant la tête et la queue attenantes. Pochez les saint-pierre dans le fumet de poisson pendant 10 minutes, ajoutez alors les coques, les carottes et les champignons étuvés, laissez encore cuire 2 minutes.

4. Égouttez les poissons, les coques et les légumes, réservez-les au chaud, décortiquez les coques, passez la cuisson à l'étamine (il peut rester un peu de sable), liez-la avec la crème, les jaunes d'œufs (ne laissez pas bouillir) et le jus de citron, nappez les poissons et servez.

Le saint-pierre est un des poissons les plus savoureux qui soient, ferme et de goût très fin ; malheureusement, il est rare et de plus en plus coûteux. Sa tête étant aussi grosse que son corps, comptez au moins 50 % de déchet dans le poisson entier... ce qui n'abaissera pas le prix de la portion.

DELAS
Viognier
APPELLATION CONDRIEU
1987
Mis en Bouteille par DELAS

Saumon au caviar

Préparation : 15 minutes.
Cuisson : 20 minutes.

Pour 4 personnes :

4 filets de saumon épais (avec la peau), taillés dans le dos du poisson, d'environ 150 g chacun

50 g de caviar (sevruga)

1 petit concombre

2 oignons moyens

15 cl de crème fraîche

50 g de beurre

1/2 citron

Sel, poivre

1. Épluchez le concombre et les oignons, taillez-les en petits bâtonnets, salez, poivrez, faites-les étuver avec la moitié du beurre à feu doux pendant 10 minutes. Fendez longitudinalement les filets de saumon, côté chair, et remplissez la cavité ainsi formée de ces bâtonnets.

2. Préchauffez le four à 200° (th. 6), mettez les filets de saumon à rôtir avec le reste du beurre (posez-les sur le côté peau) pendant environ 10 minutes.

3. Sortez les filets de saumon du four, garnissez le dessus de leur cavité avec le caviar, réservez au chaud sur le plat de service (attention, le caviar doit juste légèrement chauffer, mais en aucun cas cuire).

4. Déglacez le plat de cuisson avec la crème et le jus du demi-citron, donnez un bouillon à l'ensemble, servez en saucière avec les filets de saumon.

Beluga, sevruga, oscière : il existe trois variétés principales de caviar frais, dont la plus abordable est le sevruga. Si vous ne pouvez pas vous en procurer, je vous recommande d'utiliser des œufs de saumon de qualité (les russes sont infiniment supérieurs aux américains) ; mais surtout, n'essayez pas de remplacer le caviar par des œufs de lump, qui n'ont rien à voir avec lui.

Sole aux pétoncles

Préparation : 20 minutes.
Cuisson : 15 minutes.

Pour 4 personnes :

- **4 soles « portion » (environ 250 g chacune), ou 2 soles « à filets » (500 g)**
- **2 douzaines de pétoncles**
- **10 cl de crème fraîche**
- **20 cl de coulis d'étrilles (recette page 68)**
- **80 g de beurre**
- **Le jus de 1 citron**
- **2 cuillerées à soupe de farine**
- **1 bouquet de cerfeuil**
- **Quelques brins de ciboulette**
- **Quelques brins d'aneth**
- **Sel**

1. Préparez les pétoncles comme des coquilles Saint-Jacques : ouvrez-les en glissant un couteau du côté plat de la coquille, détachez ensuite la noix de l'autre demi-coquille, jetez les barbes, mettez les noix en attente dans de l'eau froide.

2. Videz et dépouillez les soles, coupez-leur la tête, coupez les nageoires latérales au ras du corps, avec de gros ciseaux. Séchez les poissons, passez-les dans de la farine salée, et mettez-les à cuire à la meunière : chauffez le beurre dans une grande poêle, faites cuire les soles à feu modéré (le beurre doit rester noisette) jusqu'à ce qu'elles soient « roses à l'arête » (3 à 5 minutes de chaque côté, selon la taille ; vérifiez la cuisson en pratiquant une petite fente dans la partie la plus épaisse de la sole).

3. Faites cuire très brièvement (1 ou 2 minutes) les noix de pétoncles en sauteuse, avec la crème fraîche, le cerfeuil, l'aneth, le jus de citron et la ciboulette ciselés.

4. Disposez les poissons sur un plat chaud ; de chaque sole, ôtez les deux filets supérieurs, puis l'arête centrale. Nappez des pétoncles à la crème, remettez les filets supérieurs, passez 2 minutes sous le gril du four pour réchauffer, servez la sole reconstituée sur une assiette nappée de coulis d'étrilles chaud.

Les soles de la Manche et de la mer du Nord sont les meilleures pour les préparations classiques. Les séteaux, petites soles du Sud-Ouest, sont excellentes en friture. Aujourd'hui, on trouve aussi des soles africaines moins savoureuses, et des poissons surgelés vendus sous la dénomination de « sole tropicale » : à éviter...

APPELLATION CONTROLEE

Tournedos de thon au foie gras

Préparation : 10 minutes.
Cuisson : 30 minutes (non compris le temps de préparation du fond brun de viande).

Pour 4 personnes :

4 tournedos épais de thon, découpés dans le dos du poisson
4 escalopes de foie gras de canard cru
2 cuillerées à soupe de farine
50 g de beurre
Sel, poivre

Pour la sauce Périgueux :

15 cl de fond brun de viande (à défaut, du bouillon de viande bien concentré)
20 cl de madère
1 petite truffe (fraîche si possible)
50 g de beurre
Sel, poivre

1. Préparez la sauce : faites réduire de moitié le madère, ajoutez le fond brun, puis la truffe émincée en fine julienne. A feu doux, ajoutez le beurre froid coupé en petits morceaux, en fouettant. Rectifiez l'assaisonnement, gardez cette sauce au tiède.

2. Faites cuire les tournedos de thon à la poêle avec la moitié du beurre, à feu modéré, pendant 1 ou 2 minutes de chaque côté : il faut les garder moelleux. Salez et poivrez les escalopes de foie gras, farinez-les très légèrement, et saisissez-les avec le reste du beurre dans une autre poêle, très rapidement : 30 secondes de chaque côté suffisent.

3. Réchauffez la sauce, disposez les tranches de foie gras sur les tournedos de thon dans des assiettes chaudes, nappez d'une cuillerée de sauce, servez le reste en saucière. Vous pouvez accompagner ces tournedos originaux de légumes variés (carottes, haricots verts, etc., cuits à la vapeur).

Le thon est un poisson qui se prête très bien aux préparations généralement utilisées pour la viande. Les recettes anciennes lui donnent les apprêts du veau, pendant la période du Carême, et aujourd'hui encore, on cuisine fréquemment le thon en daube, au vin rouge. L'espèce la plus réputée est le thon blanc, surtout utilisé en conserverie, mais pour cette recette, le thon rouge (que l'on trouve frais presque toute l'année) sera le plus approprié.

Truite de mer au beurre blanc

Préparation : 15 minutes.
Cuisson : 30 minutes.

Pour 4 personnes :

- **1 truite de mer d'environ 1 kg (il est indispensable que le poisson soit d'une extrême fraîcheur)**
- **2 poireaux**
- **2 carottes**
- **2 oignons**
- **1 bouquet garni**
- **15 cl de vinaigre**
- **Gros sel, poivre en grains**
- **150 g de beurre blanc (recette page 122)**

1. Épluchez et lavez les légumes. Coupez les oignons et les blancs de poireaux en rondelles, les carottes en bâtonnets. Préparez un court-bouillon avec 2 litres d'eau, les légumes, le bouquet garni, le vinaigre, du gros sel, 1/2 cuillerée à café de poivre en grains et les légumes. Faites cuire 15 minutes à petits bouillons.

2. Videz la truite, essuyez-la, mettez-la à pocher dans le court-bouillon environ 15 minutes, à petits frémissements. Pour tester la cuisson, tirez sur la nageoire dorsale : quand elle se détache facilement, le poisson est cuit. Notez que la truite de mer est excellente peu cuite.

3. Préparez le beurre blanc pendant la cuisson de la truite, gardez-le au chaud. Servez la truite avec quelques légumes du court-bouillon et le beurre blanc, en saucière. Vous pouvez servir celui-ci avec ses échalotes, ou passé au chinois si vous voulez une sauce plus raffinée.

Truite arc-en-ciel, truite de mer, truite saumonée : les espèces sont multiples, mais la plus savoureuse des truites, la fario, n'est pas vendue en poissonnerie : si vous pouvez en obtenir auprès de pêcheurs, dégustez-la « au bleu » ou au court-bouillon, ces cuissons simples préservent la finesse de la chair du poisson. Vous pouvez appliquer toutes les recettes du saumon à la truite de mer (et notamment le poisson cru mariné).

Turbotin grillé

Préparation : 10 minutes.
Cuisson : 15 minutes.

Pour 4 personnes :

1 turbotin d'environ 1,5 à 2 kg

25 g de beurre

Pour le beurre blanc :

4 échalotes (grises de préférence)

125 g de beurre

5 cl de vinaigre de vin blanc

5 cl de vin blanc sec

Sel, poivre

1. Videz le turbot sans lui couper la tête. Ébarbez-le (ôtez l'arête qui fait le tour du poisson), mais ne le dépouillez pas, la peau protège bien la chair du dessèchement. Vous pouvez le faire griller tel quel, ou ôter l'arête, ce qui facilite le découpage à table.

2. Si vous ôtez l'arête, fendez le turbot le long de l'arête centrale, côté peau noire ; glissez un couteau souple entre l'arête et la chair du poisson, tout le long des filets, sans séparer ceux-ci de la tête, de la queue et des bords du turbot. Coupez, à l'aide de gros ciseaux, l'arête près de la tête et de la queue, puis glissez le couteau en dessous pour finir de la détacher.

3. Faites fondre les 25 grammes de beurre, badigeonnez le turbot et mettez-le sur un gril chaud, pour environ 15 minutes (retournez à mi-cuisson : faites faire un quart de tour au poisson du côté de la peau blanche pour le « quadriller »).

4. Préparez pendant ce temps le beurre blanc. Épluchez et émincez les échalotes, mettez-les dans une petite casserole avec le vinaigre et le vin blanc, faites réduire l'ensemble jusqu'à n'avoir plus qu'environ trois cuillerées à soupe de liquide ; laissez refroidir (cela peut se faire à l'avance).

5. Sur feu très doux, ajoutez le beurre coupé en morceaux. Fouettez doucement la sauce en continuant à ajouter le beurre au fur et à mesure. Quand tout le beurre est incorporé, salez, poivrez, gardez la sauce dans un bain-marie pas trop chaud jusqu'au moment de l'utiliser.

Le beurre blanc est curieusement la terreur de beaucoup de cuisiniers amateurs. En réalité, il ne tourne que lorsque l'émulsion manque de liquide ; si votre réduction est un peu courte, ajoutez donc une cuillerée d'eau, ou de crème fraîche ; évitez aussi de trop le chauffer. Vous pouvez servir le beurre blanc avec ses échalotes, ou, plus raffiné, passé.

Escalopes de turbot aux artichauts

Préparation : 10 minutes.
Cuisson : 35 minutes.

Pour 4 personnes :

- **1 tronçon de turbot d'environ 500 à 600 g**
- **2 beaux artichauts**
- **50 g de beurre**
- **Le jus de 1 citron**
- **2 cuillerées à soupe de farine**
- **25 cl de coulis d'étrilles (recette page 68)**
- **Sel**

1. Préparez un blanc de cuisson avec 1 litre d'eau, une cuillerée à café de sel, la farine et le jus de citron. Fouettez le tout pour incorporer la farine, portez à ébullition.

2. Cassez la queue des artichauts, coupez les feuilles à ras du fond, détachez le foin et mettez les fonds à cuire dans le blanc pour environ 20 minutes (testez la cuisson avec une aiguille à brider qui doit pénétrer facilement).

3. Coupez le tronçon de turbot en biais, pour faire huit escalopes ; coupez également les fonds d'artichaut en tranches. Dans un plat allant au four, intercalez tranches d'artichaut et escalopes de turbot, salez, poivrez, et mettez à cuire avec le beurre à four moyen (th. 6, 200°) pendant environ 15 minutes.

4. Quand le turbot est cuit, réchauffez le coulis d'étrilles, nappez-en les assiettes avant de disposer dessus les escalopes de turbot intercalées avec les fonds d'artichaut.

Choisissez des artichauts bien fermés, c'est un signe de fraîcheur (les meilleurs pour cette utilisation sont les camus de Bretagne). Pour éviter les fils désagréables dans les fonds, il ne faut pas couper les tiges, mais les arracher : les fils viendront avec. C'est un coup de main facile à prendre, il suffit de saisir l'artichaut à deux mains et de frapper d'un coup sec avec la queue sur le bord d'un plan de travail.

1986
CHAMPENOIS
BOUZY ROUGE
VESSELLE

TABLE DES MATIÈRES

Poissons

N° d'éditeur : 20649
Dépôt légal : Fevrier 1992
Photocomposition : Empreintes, Antony
Photogravure : Arto
Imprimé en Janvier 1992
par Pozzo Gros Monti, Italie